PUBLICATIONS

RELIGIEUSES

DE LA MAISON

BOUASSE-LEBEL

CATALOGUE GÉNÉRAL.

PARIS

ATELIERS : RUE GARANCIÈRE, 3.

MAGASINS : RUE St-SULPICE, 29.

AVIS DES EDITEURS.

Nous sommes autorisés à mentionner ici le paragraphe suivant des Annales de la Sainte-Enfance.

ŒUVRE DE LA SAINTE-ENFANCE.

CONSEIL CENTRAL.

Paris, le 1er *avril* 1858.

« Nos correspondants sont priés de nouveau de vouloir bien se
» souvenir :

» 1° Qu'ils devront s'adresser directement et sans l'intermé-
» diaire de l'Œuvre, à M. Bouasse-Lebel, rue Saint-Sulpice, 29
» à Paris, pour les demandes de médailles riches de toutes gran-
» deurs, d'images coloriées et de tous objets destinés à être vendus
» et pour lesquels ils s'adressaient précédemment à nos bureaux.
» Nos correspondants devront payer directement ces objets au
» fournisseur, sans que l'OEuvre intervienne.

» Ils voudront bien aussi s'adresser directement au même
» fournisseur pour les petites commissions ou demandes étran-
» gères à l'Œuvre dont ils jugeaient à propos de nous charger, et
» que nous ne pourrions plus désormais remplir. C'est également
» au même fournisseur qu'ils en devront compte directement. »

(Extrait du n° 61 des *Annales de l'OEuvre de la Sainte-Enfance.*)

CATALOGUE

DES

PUBLICATIONS RELIGIEUSES

DE LA MAISON

BOUASSE-LEBEL

IMAGERIE, ESTAMPES, PHOTOGRAPHIE,
OBJETS D'ART EN PLASTIQUE, CHEMINS DE CROIX,
BIJOUTERIE RELIGIEUSE, CHAPELETS, MÉDAILLES,
OBJETS SPÉCIAUX
POUR LES ÉCOLES, LES MISSIONS ET LES LOTERIES DE BIENFAISANCE.

PARIS

ATELIERS : RUE GARANCIÈRE, 3.
MAGASINS : RUE St-SULPICE, 29.

1859

Versailles. — Imprimerie de BEAU jeune, rue l'Orangerie, 36.

RÉCOMPENSES

DÉCERNÉES A LA MAISON BOUASSE-LEBEL.

PARIS 1849
Médaille de bronze

LONDRES 1851
Mention honorable

PARIS 1855
Deux Médailles de 2e classe.

AVIS DES ÉDITEURS.

Ce Catalogue est le résumé succinct des différentes publications religieuses de notre Maison, ainsi que des divers objets qui sortent journellement de nos ateliers.

Nous nous sommes efforcés de rendre ce travail clair et facile à comprendre, et en avons généralement exclus les formules louangeuses, qui ne servent bien souvent qu'à induire le public en erreur. Nous osons espérer que notre Maison est maintenant suffisamment connue, pour qu'il soit inutile d'insister à chaque ligne sur la perfection de nos produits et la modération de nos prix.

Afin de faciliter les recherches, nous avons divisé ce Catalogue en six grandes parties principales, subdivisées en chapitres et détaillées dans le résumé sommaire placé en tête de ce Catalogue.

En ce qui concerne spécialement l'Imagerie, nous avons classé la collection la plus nombreuse de notre fonds par paragraphes répondant chacun à un *ordre d'idée*, à une *dévotion*, à une *fête*, à un besoin spécial des *Séminaires*, *Catéchismes*, *Confréries*, etc.

A la fin de chaque paragraphe, nous mentionnons les numéros des autres collections qui peuvent se rapporter à la même pensée : de cette façon, et sans prendre la peine d'étudier le volume entier, chacun peut trouver immédiatement le chapitre dont il a besoin.

Nous croyons utile d'appeler l'attention sur le soin que nous apportons au choix de nos textes (1) et de nos sujets : aidés des conseils

(1) On peut obtenir, *sans aucune augmentation de prix*, l'impression en langues étrangères des textes placés au verso de toute vignette dont on commanderait un nombre de quelque importance.

d'un grand nombre d'ecclésiastiques et de religieuses, nous nous efforçons de ne publier que des choses vraiment bonnes et profitables, et nous espérons être arrivés à ce que presque toutes nos Images inspirent une bonne pensée, une bonne action.

Tous nos produits sont dessinés, modelés, gravés, lithographiés, imprimés, moulés ou fabriqués *dans nos propres ateliers*, 3, *rue Garancière*, avec le concours d'artistes distingués et d'ouvriers habiles. C'est ce qui explique les excellents résultats que nous avons déjà obtenus (1).

A côté des principales branches d'industrie groupées dans notre Maison, comme les Images, les Estampes, les Plastiques, la Photographie religieuse, la Bijouterie religieuse,

(1) Cette organisation nous permet de créer ou d'exécuter en peu de temps tout modèle nouveau qui nous serait demandé ou suggéré, quelle que soit celle de nos industries à laquelle il se rapporte.

les Chemins de Croix (1), les Chapelets; nos Clients peuvent encore trouver dans nos magasins, en très-grandes quantités et à des prix exceptionnels, tous les objets de religion nécessaires pour les *Missions*, les *Écoles* et les *loteries de bienfaisance*, en même temps que des collections vraiment remarquables d'objets d'art religieux, soit en ivoire, vieux chêne et nacre, soit en métaux précieux, dont nous donnons le détail dans la 4e et la 6e partie de ce Catalogue.

Nous accueillerons avec reconnaissance les idées pieuses que l'on voudra bien nous communiquer, et qui pourraient nous aider dans notre travail et rendre nos publications plus utiles.

(1) En lithographie, en gravure, en peinture à l'huile sur toile, en plastique, en carton-pierre, de toutes les dimensions et de tous les styles d'architecture, avec encadrements, depuis les plus simples jusqu'aux plus riches et tout prêts à être expédiés. (Voir à la troisième partie de ce Catalogue.)

RÉSUMÉ SOMMAIRE.

PREMIÈRE PARTIE.

SUJETS PROPRES A ÊTRE MIS DANS LES LIVRES DE PRIÈRES.

CHAPITRE PREMIER.

VIGNETTES.

Sujets séparés, gravés avec soin sur acier.

Cette collection, d'une exécution remarquable, contient près de mille sujets, gravés sur acier, tous composés d'après les grands maîtres ou sur les dessins de M. T. Zach, artiste aussi consciencieux qu'habile, et déjà honoré de plusieurs médailles. Elle est divisée en deux sections dont nous donnons ci-après les prix.

Nous nous sommes efforcés de choisir nos sujets de façon à satisfaire à tous les besoins des Catéchismes, des Confréries et des personnes pieuses, et nous en présentons la liste, en les groupant par *ordre d'idées*, de telle sorte que chacun puisse trouver immédiatement celles de nos publications qui rentrent dans ses désirs et remplissent son but.

1.

Voici le titre de chacune de ces catégories.

1° La sainte Eucharistie.
2° Sacré Cœur de Jésus.
3° Jésus Enfant.
4° Jésus souffrant, consolateur de ceux qui souffrent.
5° Jésus bon Pasteur.
6° Jésus, notre Frère, notre Ami, notre Guide.
7° Les saints Evangiles.
8° Le Saint-Esprit.
9° Marie immaculée.
10° Marie, Mère du Sauveur.
11° Marie, notre Mère.
12° Marie, Mère de douleurs, Consolatrice des affligés.
13° Marie, notre Modèle, notre Protectrice.
14° Le saint Cœur de Marie.
15° Les saints Anges.
16° Saint Joseph.
17° Les gloires de la Cour céleste, Saints et Saintes.
18° Saint Rosaire, saint Scapulaire.
19° Sanctuaires, Pèlerinages, Madones.
20° Personnages célèbres par leur piété. (Portraits.)
21° Ordres religieux (Costumes.)
22° Souvenirs mortuaires.
23° Emblèmes et autres sujets divers.

CHAP. II. — Vignettes avec filet or, format carré-long; avec de belles et longues prières au verso.

CHAP. III. — DÉCOUPURES. *Feuilles dites découpures, de* 8, 10, 12, 16, 18, 21, 32, 50, 72, 78 *sujets à la feuille.*

1° Feuilles gravées.
2° Chromo-lithographie.
3° Scapulaires sur satin, calicot, etc.
4° Bons points sur papier et sur carte.

CHAP. IV. — IMAGES DENTELÉES.

Surprises, Sensitives, Paillettes, Rideaux, Moires, Papier de riz, Bois, Parchemin, etc., etc.

DEUXIÈME PARTIE.

ESTAMPES.

CHAP. V. — 1° CACHETS de Baptême, Communion, Confirmation, Ordre, Mariage, Prise de Voile.

2° Patentes, souvenirs d'admission dans les confréries de la Sainte-Vierge et des Saints-Anges.

CHAP. VI. — Les saints Evangiles.

CHAP. VII. — SUJETS D'ENCADREMENT. — Gravures et lithographies pour salons, parloirs et salles d'études.

CHAP. VIII. — Religion en tableaux, Catéchisme en images.

CHAP. IX. — Galerie religieuse et morale.

1° Collection de 1 sujet à la feuille.
2° Collection de 2 sujets à la feuille.
3° Collection de 4 sujets à la feuille.

CHAP. X. — Canons d'Autels.

CHAP. XI. — Photographies, de divers formats.

TROISIÈME PARTIE.

Chemins de croix.

QUATRIÈME PARTIE.

Sujets plastiques, Statuettes, Groupes, Bas-reliefs.

CINQUIÈME PARTIE.

Statues de grandes dimensions.

SIXIÈME PARTIE.

Objets de religion, Christs, Chapelets, Médailles, Bijouterie.

CATALOGUE

CHAPITRE PREMIER.

VIGNETTES FINES.

Ces Vignettes portent, au recto et au verso, des textes, légendes et prières diverses, tirés en grande partie des Saintes-Écritures, des Pères de l'Église et des sources authentiques des indulgences.

Elles sont gravées SUR ACIER avec le plus grand soin, d'après les meilleurs dessins des anciens maîtres ou de bons artistes modernes, et tirées sur papier blanc de 15 1/2 sur 9 1/2 centimètres *pour in*-18, sur papier de chine avec marge blanche de 22 sur 16 centimètres *pour in*-12 *et in*-8°.

La plupart d'entre elles sont parfaitement

convenables pour frontispices de livres de prières, Mois de Marie, Chemins de Croix, Anges conducteurs, Bréviaires, etc.

Ces vignettes sont divisées en deux séries de prix, savoir :

Première série.

En vignettes, noir,		le cent,	8	»
—	coloris soigné,	—	22	50
—	sur chine,	—	12	»
En dentelles, noir,		la douzaine,	1	50
—	coloris soigné,	—	3	»
—	noir pailleté,	—	4	50
—	coloris pailleté,	—	6	»

Deuxième série.

En vignettes, noir,		le cent,	6	»
—	coloris soigné,	—	20	»
—	sur chine,	—	12	»
En dentelles, noir,		la douzaine,	1	»
—	coloris soigné,	—	2	50
—	noir pailleté,	—	4	50
—	coloris pailleté,	—	6	»

On donne gratuitement 8 feuilles sur chaque cent de feuilles ; chaque douzaine de dentelles est composée de 13 images.

§ 1. La Sainte Eucharistie.

DÉVOTIONS SPÉCIALES AU SAINT-SACREMENT.

(Première série à 8 fr. le cent en noir.)

643. **ADORATION PERPÉTUELLE.** Loué, aimé et adoré soit à jamais *N. S. Jésus-Christ, hostie dans le très-saint Sacrement de l'autel*, d'après M. Ollier, fondateur du séminaire Saint-Sulpice.

914. **ADORATION DES ANGES** devant le Très-Saint Sacrement.

649. **AVANT-GOUT DU CIEL.** — *Ame fidèle dévotement appuyée sur la poitrine du Christ.*

648. *bis.* **BANQUET D'AMOUR.** — *N. S. Jésus-Christ donnant la sainte communion.*

807. **IL DEMEURE EN MOI ET JE DEMEURE EN LUI.** — *Communion de la sainte Vierge* par saint Jean.

800. *B.* **JE SERAI AVEC VOUS JUSQU'A LA CONSOMMATION DES SIÈCLES.** — *La sainte Cène.*

978. **J'AI REÇU LE PAIN DES ANGES.** — *Jeune communiante revenant de la sainte Table.*

841. **LES BREBIS** qui se tiennent toujours près de leur pasteur sont **LES PLUS FAVORISÉES.** — *Il leur fait toujours quelque part de la nourriture dont il se nourrit lui-même.*

883. **MA FORCE EST EN JÉSUS.** — Unum corpus multi sumus, omnes qui de uno pane et de uno calice participamus.

929. **ME VOICI TOUT A TOI.** — Notre Seigneur se donnant à l'âme fidèle.

977. **MON CŒUR BRULE DE VOUS RECEVOIR.** — *Jeune communiante allant à la sainte Table.*

964. **MON CŒUR EST LE TEMPLE DU DIEU VIVANT.** — *Jeune communiant revenant de la sainte Table.*

983. **O JÉSUS VIVANT EN MARIE,** venez et vivez en nous! — *Intérieur de la sainte Vierge.*

934. **O MON JÉSUS, SOYEZ CONNU DE TOUS...** — Vignette spéciale pour les confréries du Saint Sacrement, *vignette double* : d'un côté, le *Saint-Sacrement* entouré d'une couronne de roses et de lis. De l'autre, *les Cœurs de Jésus et de Marie*, entourés d'une couronne d'épines.

963. **SOUVENIR DU GRAND JOUR.** — *Jeune communiant allant à la sainte Table.*

581. **SOUVENIR DE COMMUNION.**—Vous aimer, vous connaître est toute ma science.

648. **TESTAMENT DE JÉSUS.** Le pain que je donnerai est ma chair, qui sera sacrifiée pour le salut du monde. — *N. S. Jésus-Christ bénissant le pain.*

884. **VOTRE AME AURA LA VIE..** — *N. S. Jésus-Christ communiant un enfant.*

La Sainte Eucharistie (suite).

(Série à 6 fr. le cent en noir.)

28. **ABANDON A JÉSUS.** J'ai trouvé celui que mon cœur aime. — *Ame fidèle se pressant sur le cœur de Jésus.*

620. **ADORATION DU SAINT-SACREMENT** Ceux qui veillent auprès du Seigneur seront bénis de lui.

675. **AGNEAU PASCHAL DANS L'OSTENSOIR.**

650. **AVANT-GOUT DU CIEL.** — *Enfant dévotement appuyé sur la poitrine du Christ.*

611 *bis.* **BIENHEUREUX CEUX QUI ONT FAIM ET SOIF DE LA JUSTICE.** — Jésus présentant le calice et pain à l'âme fidèle.

603. **CALICE DU SALUT.** O mon Dieu! s'il est possible, que ce calice s'éloigne de moi! mais que votre volonté soit faite, et non la mienne. — *Jésus-Christ présentant un calice entouré d'épines.*

549. **CECI EST MON CORPS.** — *Jésus donnant la sainte Communion aux Apôtres.*

574 *B.* **CONSOLATION DE LA GRACE.** J'ai trouvé celui que j'aime; il m'a abreuvé de son amour. — *Enfant Jésus offrant à boire dans un calice à un fidèle agenouillé à ses pieds.*

529. **O SEIGNEUR, QUE VOUS ÊTES BON !** Me reposer sur votre Cœur, ô Jésus, fait tout mon bonheur. — *Ame fidèle reposant sur le Cœur de Jésus qui montre la sainte Hostie.*

59 Petit cachet de Communion pour garçons (*ovale*).

59 *C.* Petit cachet de Communion pour filles (*ovale*).

59 *B.* Petit cachet de Confirmation pour garçons (*ovale*).

59 *D.* Petit cachet de Confirmation pour filles (*ovale*).

125. **RÈGLEMENT DE VIE** après la première Communion.

88. **SOURCE DE VIE.** — (*Jésus présentant le calice et le pain.*) Si vous ne mangez ma chair et ne buvez mon sang, vous n'aurez pas la vie en vous.

524. **SOUVENIR DE COMMUNION.** Jésus comble de faveurs l'âme qui s'abandonne à lui. — *Ame fidèle dans les bras de Jésus.*

Voir, aux FEUILLES, les nos 326, 365, 373, 379, 393, 400, 414, 429.

Voir, aux ESTAMPES, la nombreuse collection de *cachets de Communion*, et, aux SUJETS D'ENCADREMENT, les nos 2540, 2558.

§ 2. Dévotion au Sacré-Cœur de Jésus.

(Série à 8 fr. le cent en noir.)

777. **AIMEZ-MOI, MOI QUI VOUS AI TANT AIMÉS.** — *Jésus enfant montrant son Cœur.*

787. **APPRENEZ DE MOI QUE JE SUIS DOUX ET HUMBLE DE CŒUR.** — *Sacré-Cœur de Jésus.* (Buste.)

760. Dévotion spéciale au **SACRÉ-CŒUR DE JÉSUS** et au **SAINT CŒUR DE MARIE.**—*Vignette* représentant au recto le Sacré-Cœur de Jésus, au verso celui de Marie, avec prières auxquelles sont accordées des indulgences.

934 *bis.* **GLOIRE AUX SACRÉS-CŒURS DE JÉSUS ET DE MARIE.** — Vignette double : d'un côté les deux Sacrés-Cœurs de Jésus et de Marie au milieu d'une couronne d'épines ; de l'autre le très-saint Sacrement.

725. **JE T'AI AIMÉ D'UN AMOUR ÉTERNEL.** — *Buste de N. S. Jésus-Christ.*

931. **MON CŒUR EST TOUT BRULANT D'AMOUR.** — Jésus enfant et la très-sainte Vierge montrant leurs Cœurs.

728. **MON FILS, DONNE-MOI TON CŒUR !** — *Buste de N. S. Jésus-Christ.*

702. **O MON JÉSUS**, vous êtes ma lumière et ma joie,

ouvrez-moi votre cœur.— *Ame fidèle se pressant sur le cœur de Jésus.*

749. **SOURCE DE TOUTES LES GRACES.**—Sacré-Cœur de Jésus. (Buste.)

915. **VOICI LA SOURCE DE TOUTE CONSOLATION !**— Le Sacré-Cœur de Jésus, dans la gloire, adoré par les Anges.

835. **VOIS COMME CE CŒUR BRULE DE SOULAGER TES MISÈRES.** — L'Enfant Jésus découvre les secrets de son cœur à l'âme fidèle.

Dévotion au Sacré-Cœur de Jésus (suite).

(Série à 6 fr. le cent en noir.)

617. **ADORABLE CŒUR DE MON JÉSUS,** communiquez à mon cœur les feux de votre divin amour.—*Ame fidèle réchauffant son cœur au Cœur de Jésus.*

30. **DOUX CŒUR DE MON JÉSUS**, faites que je vous aime de plus en plus. — *Le Sacré-Cœur de Jésus ceint d'une couronne d'épines.*

669. **FAITES QUE JE VOUS AIME TOUJOURS, DOUX**

CŒUR DE MON JÉSUS! — Cœur enflammé au milieu de nuages.

642. **HEUREUSE L'AME QUI A PLACÉ SA DEMEURE DANS LE CŒUR DE JÉSUS.** —Ame fidèle en prières au milieu d'un cœur formé de lis.

2. **JE LEUR DONNERAI MON CŒUR AFIN QU'ILS M'AIMENT.** Apprenez tous de moi que je suis doux et humble de cœur. — *Sacré-Cœur de Jésus.* (Buste.)

28. **J'AI TROUVÉ CELUI QUE MON CŒUR AIME.** — Ame fidèle serrant la croix sur sa poitrine et se pressant sur le divin Cœur de Jésus.

525 *B.* **JE VOUS AI AIMÉS** comme mon Père m'a aimé moi-même. — *Notre Seigneur les bras étendus : on voit son Cœur brûlant.* (Petit buste.)

47 *D.* **JE SUIS VENU SUR LA TERRE** pour apporter le feu de mon amour. —*Jésus laissant échapper de son Cœur des rayons de feu.*

528. **MON PÈRE NE M'A DONNÉ CE CŒUR QUE POUR VOUS AIMER.**—Sacré-Cœur de Jésus.

131. **SACRÉ-CŒUR DE JÉSUS** (buste).— *Cachet de la Confrérie du Sacré-Cœur.*

541 *D.* **VOILA CE CŒUR QUI VOUS A TANT AIMÉS!** Venez puiser dans mon Cœur le courage de marcher à ma suite. — *Notre Seigneur Jésus-Christ montrant son Cœur et le Calvaire.*

Voir, *aux* FEUILLES, les n°s 351, 352, *Dévotions spéciales pour les confréries du Sacré-Cœur*, et les n°s 353, 389.

Voir, aux SUJETS A ENCADRER, les n°s 2501, 2531, 3006.

---

§ 3 Jésus Enfant.

FÊTE DE NOEL.

(*Série à 8 fr. le cent en noir.*)

777. AIMEZ-MOI, MOI QUI VOUS AI TANT AIMÉS. — *Enfant-Jésus* montrant son Cœur ouvert.

989. ALLONS A BETHLÉEM. Allons avec les bergers offrir nos cœurs à l'Enfant-Dieu.

876. L'AME QUI POSSÈDE JÉSUS a trouvé la paix et le repos.

788. A VOUS, MON DIEU ! TOUT A VOUS !

824. C'EST LUI QUI VIENT NOUS APPORTER LA PAIX.

919. C'EST POUR NOUS QU'IL S'OFFRE A SON PÈRE.

782 *B*. COMME UNE MÈRE CARESSE SON ENFANT, DE MÊME JE VOUS CONSOLERAI. — Enfant-Jésus caressant une brebis.

836. **DIVIN JÉSUS, CONSERVEZ EN MOI LA VERTU,** dont cette fleur (*le lis*) est le symbole.

833. **DIEU A TANT AIMÉ LE MONDE,** qu'il lui a donné son propre Fils.

881. **GARDE-LE TOUJOURS SUR TON CŒUR.** Le saint Enfant Jésus donnant une branche de lis à un enfant.

916. **GLOIRE A DIEU** qui nous donne son Fils, **GLOIRE A JÉSUS** qui a bien voulu se faire enfant pour nous, **GLOIRE A MARIE** que le divin Enfant a choisie pour sa mère.

738. **LA GRACE ÉTAIT RÉPANDUE SUR SES LÈVRES.** — *Tête d'Enfant-Jésus.*

680 *B.* **HEUREUX L'ENFANT DOCILE AUX LEÇONS DE MARIE.**—Jésus enfant lisant sur les genoux de sa sainte Mère.

778 *B.* **IL A VU TOUS NOS MAUX.** — L'Enfant-Jésus console l'âme affligée en lui montrant la croix et la couronne d'épines.

902. **IL N'Y AVAIT PAS DE PLACE POUR EUX DANS L'HOTELLERIE.**—*Saint Joseph et la sainte Vierge cherchant asile la nuit de Noël.*

676. **IL S'EST OFFERT A DIEU POUR NOUS,** comme une victime d'agréable odeur.—*L'Enfant-Jésus couronné d'épines, tenant une croix.*

837. **J'ACCEPTE TON OFFRANDE.**—*Un enfant offrant son cœur à l'Enfant-Jésus.*

777 *D.* **J'AI CHOISI LES DOULEURS** pour vous prouver mon amour. — *Enfant-Jésus sur la paille.* Sur sa crèche repose la croix ; dans ses mains un lis et une couronne d'épines.

814. **J'AI LAISSÉ LA GLOIRE POUR EMBRASSER L'IGNOMINIE DE LA CROIX.** — Enfant-Jésus couché sur la paille, une croix à la main.

825. **JE ME PLAIS AVEC LES AMES** qui ont la douceur et l'innocence de l'agneau.

965. **JE SOUFFRIRAI POUR VOUS.**—Jésus enfant couronné d'épines et contemplant les instruments de la passion.

958. **JÉSUS ENFANT** *détachant une fleur de la couronne de sa Mère et la donnant à un jeune pèlerin.*

553. **JÉSUS ENFANT COUCHÉ** sur une croix, un mouton est à ses pieds. — *Fond teinté.*

788 *D.* **JE SERAI TON APPUI.**

828. **JE SUIS LE CONQUÉRANT DES CŒURS**; je veux y planter ma croix.

639. **JÉSUS ENFANT** *debout, les bras étendus sur une croix.*

777 *C.* **JE SUIS LA VOIE, LA VÉRITÉ ET LA VIE.** — Enfant-Jésus près de sa crèche ; à ses pieds des livres.

992. **JE VOUS APPORTE LE SALUT ET LA PAIX.**

Je ne vous demande en échange que les vertus qui feront en même temps votre bonheur. — *Jésus sur les genoux de Marie, tient d'une main la croix, de l'autre un rameau d'olivier. Des enfants lui offrent leurs sacrifices et leurs hommages.*

677. **LA JOIE LUI ÉTAIT OFFERTE**, Il a choisi la croix.

951. **MON CŒUR VOUS APPARTIENT, O MON JÉSUS.** — Jésus dormant dans les bras de Marie; *saint Jean-Baptiste est à leurs pieds.*

834. **MON JÉSUS, JE SUIS A VOUS.**

807 *B.* **OBÉISSANT JUSQU'A LA MORT** et à la mort de la croix. — *Enfant-Jésus* sur les genoux de Marie qui lui présente la croix.

774. **OFFRANDE A JÉSUS.** — *Jeune enfant* offrant une colombe à l'Enfant-Jésus.

991. **O JÉSUS, VIVIFIEZ NOS AMES DE VOTRE SOUFFLE PUISSANT,** afin que, brillantes et purifiées, elles s'endorment dans votre sein. — *Jésus entouré d'enfants qui lui offrent des colombes.*

920. **OH! SAINTE PAUVRETÉ** du Roi des rois!

816. **PRENEZ MA CROIX POUR BOUCLIER** et la pureté de ma sainte Mère pour vêtement. —*Enfant-Jésus tenant un lis et une croix.*

583 *B.* **QU'IL EST BEAU LE DIVIN ENFANT JÉSUS.**

782. **RÉJOUISSEZ-VOUS, ENFANTS D'ISRAEL**, je vous apporte la bénédiction et la joie. — *Enfant-Jésus sur les genoux de la sainte Vierge.*

807 *C.* **LA SAGESSE DE DIEU ETAIT EN LUI.** — *Jésus au milieu des docteurs.*

924. **SAINTE FAMILLE AU DÉSERT.** — Saint Joseph offrant des fruits à Jésus enfant.

826. **LA SIMPLICITÉ DE L'AME PURE** fait ma joie et mes délices.

788 *C.* **SI VOUS M'AIMEZ, IMITEZ-MOI.**

916. **VENEZ, MON JÉSUS, VENEZ EN MON CŒUR.** — Jésus enfant porté par les Anges dans un lit de fleurs.

774. **VENEZ TOUS A MOI, MES BRAS VOUS SONT OUVERTS,** pleins de miséricorde et de bénédictions. — *Enfant-Jésus couché sur la paille, les bras ouverts.*

778. **VENEZ TOUS A MOI, JE SUIS VOTRE SAUVEUR.** — *Enfant-Jésus en buste, les bras étendus.*

788 *B.* **VENEZ, JE SUIS VOTRE SAUVEUR.**

990. **VOICI LE ROI DES ANGES.** Quand il nous aime ainsi, comment ne pas l'aimer à notre tour ! — *Jésus dans la crèche reçoit le cœur d'un enfant conduit par son ange gardien.*

838. **VOILA CE CŒUR QUI A TANT AIMÉ LES HOMMES.** L'Enfant-Jésus présentant son cœur. (Buste.)

736. **VOUS M'AVEZ FORMÉ UN CORPS ET ME VOICI.** — Tête d'Enfant-Jésus.

Jésus Enfant (suite).

(*Série à 6 fr. le cent en noir.*)

44. **AUSSI AIMABLE QU'OBÉISSANT**, le divin Enfant ne dédaigna aucune occupation. — *Jésus dévidant.*

745 *D*. **DÈS LE BERCEAU** il nous instruit à souffrir avec lui, afin que nous puissions triompher avec lui.

745. **DÈS LE BERCEAU**, son cœur brûle du désir d'être attaché pour vous sur l'autel de la croix.

558. **GLOIRE A DIEU, PAIX AUX HOMMES DE BONNE VOLONTÉ.** — *Nativité de Notre-Seigneur.*

574. **HOMMAGE DE L'AME PURE.** O Jésus! recevez à jamais l'hommage de mon cœur. — *Un enfant offrant une colombe à Jésus enfant.*

733. **IL CROISSAIT EN GRACE ET EN SAGESSE.** — *Tête d'Enfant-Jésus.*

542. **IL DONNERA SON BON ESPRIT** à tous ceux qui le lui demanderont. — *L'Enfant-Jésus* accueillant dans ses bras un jeune enfant.

590. **IL LEUR ÉTAIT SOUMIS.** Jésus marchant entre saint Joseph et la sainte Vierge.

721. **IL LEUR ÉTAIT SOUMIS.** — *Tête d'Enfant-Jésus.*

1216. **JÉSUS NOTRE DIEU.** — Petit Enfant-Jésus dans un tabernacle ouvert.

1218. **JÉSUS NOTRE FRÈRE.** — Petit Enfant-Jésus au maillot dans des nuages lumineux.

1219. **JÉSUS NOTRE MAITRE.** — Petit Jésus sur la paille.

1217. **JÉSUS NOTRE ROI.** — Enfant-Jésus sur un trône le sceptre à la main.

637. **J'AI ÉTÉ LIVRÉ AU TRAVAIL** dès mes plus jeunes années.

556. **JE SUIS TOUT CHARITÉ.** Venez à moi le cœur rempli d'amour et de miséricorde, vous prêtant un mutuel appui. — *Enfant-Jésus couronné d'épines.*

54. **JÉSUS, L'ENFANT DIVIN.** — Me voici, mon Dieu, je viens pour faire votre volonté!

745. *B.* **JÉSUS NAISSANT** nous apporte la paix. — *Le petit Jésus dans une crèche; il tient une branche de lis et une autre de laurier.*

745. *C.* **JÉSUS NAISSANT** promet de changer nos épines en fleurs. — *Petit Jésus dans une crèche; il présente d'une main une couronne d'épines, de l'autre une couronne de roses.*

42. **JÉSUS NOUS DONNE L'EXEMPLE DU TRAVAIL ET DE L'OBÉISSANCE.** — *L'Enfant-Jésus rabote une planche.*

43. **JÉSUS TRAVAILLANT** avec saint Joseph.

48. **JÉSUS** croissait en sagesse. (Buste.)

731. **LE MAITRE DU CIEL** s'est fait enfant pour nous. — *Tête d'Enfant-Jésus.*

505. **LES DOUZE MYSTÈRES DE LA SAINTE ENFANCE DE JÉSUS.** — *L'Enfant-Jésus au milieu d'un cœur* entouré de onze médaillons encadrés de couronnes d'épines.

90. **NOEL, NOEL!** — *Groupe d'enfants* offrant leur cœur à l'Enfant-Jésus.

634. **O MON JÉSUS,** accordez-moi la ferveur de vos anges.

552. **PETIT JÉSUS** jouant avec des moutons.

518. **PETIT JESUS COUCHÉ SUR LA CROIX.**

153. *B. C. D.* **LE SAINT-ENFANT JÉSUS,** sur la paille, à genoux, etc. — *Très-petits sujets.*

729. **SES MAINS PUISSANTES FURENT ENVELOPPÉES DE LANGES.** — *Tête d'Enfant-Jésus.*

104. **SIMPLICITÉ CHRÉTIENNE.** — Le royaume des cieux est pour ceux qui ressemblent au divin Enfant-Jésus.

622. **TOUS LES BIENS NOUS SONT VENUS AVEC LUI.** — *Petit Jésus* dans une crèche garnie de fleurs.

133. **VIE CACHÉE DE NAZARETH.**

Voir, aux FEUILLES, les nos 315, 336, 344, 348, 365, 382, 396, 397, 441.

Voir, aux SUJETS A ENCADRER, les nos 2545, 3004, 3014.

---

§ 4. Jésus souffrant, Consolateur de ceux qui souffrent.

— Cette collection comprend tout ce qui a rapport à la Passion et aux souffrances de Jésus, etc.

(*Série à 8 fr. le cent en noir.*)

767. *B.* **AMOUR DE LA CROIX.** Celui qui veut partager mon amour doit partager mes souffrances. — *Jésus offrant sa Croix et son Cœur à l'âme fidèle.*

757. **AMOUR ET SACRIFICE.** — Il tendra la joue à ceux qui le frapperont. Il sera rassasié d'opprobres (JÉRÉM., 30.) — *Christ au roseau.*

818. **N'AVEZ-VOUS PAS ÉTÉ INGRAT?** Considérez cette croix, cette couronne, ces fouets, ces clous! — *La sainte Vierge nous présente l'Enfant-Jésus, qui tient dans ses bras les instruments de sa passion.*

827. **CETTE CROIX EST L'AUTEL OU M'IMMOLERA MON AMOUR POUR VOUS.** — Jésus enfant couché au pied de la croix.

653. **C'EST POUR VOUS QUE J'AI SOUFFERT.** — Tête de Notre Seigneur Jésus-Christ couronné d'épines.

899. **CONSIDÉREZ CETTE CROIX** et osez chercher le repos et la joie! — *Notre Seigneur portant sa croix.* (Buste.)

946. **DIVIN CONSOLATEUR** — Les épreuves n'auront qu'un temps, la récompense sera éternelle. — *La très-sainte Vierge présente à un malade l'Enfant-Jésus couronné d'épines.*

794. *D.* **FIAT VOLUNTAS!** — Jésus au jardin des Oliviers.

727. **IL A VRAIMENT PORTÉ LUI-MÊME NOS INIQUITÉS.** — *Tête de Notre Seigneur Jésus-Christ* couronné d'épines.

662. **IL N'A PLUS NI SPLENDEUR, NI BEAUTÉ**; le Seigneur a mis sur lui les iniquités de tous.— *Sainte-Face*, copie de celle conservée à Saint-Pierre de Rome.

762. *B.* **J'AI SOIF.** Jésus a soif!... O âme chrétienne, qu'offriras-tu à ton Sauveur pour étancher sa soif? — *Notre Seigneur Jésus-Christ sur la croix;* un soldat lui présente le fiel.

759. **JÉSUS AU JARDIN DES OLIVIERS.** Mon âme est triste jusqu'à la mort.

839. **JE LES CONSOLERAI MOI-MÊME DANS LEUR AFFLICTION.**

761. **JÉSUS COMMUNIQUE A L'AME LES MÉRITES DE SES BLESSURES.** — Une jeune fille baise dévotement les mains liées du *Christ couronné d'épines.*

859. **JÉSUS CONSOLATEUR.** —Le salut offert à tous.

655. **JÉSUS DÉLAISSÉ.** — *Christ couronné d'épines.* (Buste.)

548. **JÉSUS DESCENDU DE LA CROIX**, entouré des saintes Femmes.

661. **JÉSUS ROI DE MISÉRICORDE.** Il nous regarde avec douceur. — *Buste de Notre Seigneur.*

751. **JÉSUS VICTIME DE SA CHARITÉ.** Mets tes mains dans mes plaies ; sonde les abîmes de mon cœur et reconnais-moi pour ton Sauveur. (*Buste.*)

701. **LA PORTE QUI CONDUIT AU CIEL EST BASSE ET SA VOIE EST ÉTROITE.** Il n'y a que l'âme humble qui puisse y passer. — *Un jeune homme portant une croix* marche à la suite de Jésus qui le précède, chargé de sa croix, dans un sentier hérissé d'épines.

638 *B.* **MON JÉSUS, C'EST DANS VOS BRAS QUE JE DÉPOSE TOUTES MES PEINES** ; c'est de vous seul que j'attends toute consolation. — *Un jeune enfant présente une croix à Jésus.*

945. **MON PÈRE, QUE VOTRE VOLONTÉ SOIT FAITE.** — *Jésus au jardin des Oliviers.*

821. **O HOMMES! QUE J'AI TANT AIMÉS,** ayez pitié de mes douleurs!

906. **QUOI! VOUS N'AVEZ PU VEILLER UNE HEURE AVEC MOI!**

539. **RESTERONS-NOUS INSENSIBLES A TANT D'AMOUR?** — *Christ en croix*, imité de Van-Dyck.

984. **LA SOUFFRANCE TE PROMET LA GLOIRE.** Courage! encore un peu de temps. — *Ange présentant un calice à un jeune pèlerin.*

764. **SALVATOR MUNDI.** — *Notre Seigneur Jésus-Christ debout sur des nuages lumineux*; des rayons tombent de ses mains étendues

563. **TÊTE DE CHRIST** couronné d'épines. — (*Bouchardon.*)

659. **TÊTE DE CHRIST,** les yeux aux ciel. — (*Expression pleine de douleur.*)

987. **TOUS LES ÉLUS SONT MARQUÉS DU SCEAU BÉNI DE LA DOULEUR.** — *Jeunes chrétiens portant leurs croix à la suite de Jésus couronné d'épines.*

657. **VENEZ A MOI.** — *Tête de Christ.* (Douce expression de miséricorde.)

621 *B.* **VIENS TE RÉFUGIER DANS MON CŒUR.** — Notre Seigneur montrant son côté percé.

671. **VOICI NOTRE MAITRE,** celui que nous avons promis d'imiter. — *Notre Seigneur portant sa croix.*

817. **VOIS, MON ENFANT,** quelle est la force de mon amour ! — *Notre Seigneur Jésus-Christ couronné d'épines, avec les stigmates* (mi-corps).

Jésus souffrant, Consolateur (suite).

(*Série à 6 fr.*)

610. **AME BIEN AIMÉE,** que ce roseau t'instruise dans la pratique de la soumission ; c'est celui dont les sol dats se servirent pour enfoncer *ma couronne d'épines.*

511. **L'AME QUI MET SA CONFIANCE EN MOI,** repose dans mes bras comme l'enfant dans les bras de sa mère. —*N. S. porte dans ses bras un jeune enfant,* dans un chemin couvert de broussailles et d'épines.

603. **CALICE DU SALUT.** O mon Dieu, ô mon Père, s'il est possible, que ce calice s'éloigne de moi ! — *L'âme éprouvée aux pieds de Jésus.*

671 *bis.* **CEUX QUI ME HAISSENT SANS SUJET** m'ont poursuivi comme l'oiseleur poursuit la colombe. — *Notre Seigneur attaché à la colonne.*

57. **C'EST MOI QUI EXPIE VOS INIQUITÉS**, et je ne me souviendrai plus jamais de vos péchés. — *Ecce Homo.*

615. **COMBIEN ILS ME SONT CHERS**, ô bien-aimé Jésus, ces instruments de votre passion! — *Notre Seigneur présentant à un enfant, sa croix, sa couronne d'épines et les instruments de sa passion.*

102. **CONSOLATEUR DES AFFLIGÉS.**—Venez à moi, vous tous qui pleurez, et je vous consolerai.

603. *B.* **LA CROIX DE BÉNÉDICTION.** Non, mon Dieu, je ne redouterai plus les coups de votre main paternelle. — *Jésus frappant de la croix un enfant à genoux.*

75. **FRUITS DE LA CROIX.** (Emblème.)

135. **IL A PORTÉ LA PEINE DE NOS CRIMES.** — *Sainte-Face de Notre Seigneur*, d'après le voile de sainte Véronique conservé à Rome.

143. **IL S'EST LIVRÉ POUR MOI!** — *N. S. Jésus-Christ* sur la croix. Image en forme de croix avec la prière indulgenciée : *O bon et très-doux Jésus...*

522. **JÉSUS MÉDECIN DE TOUTES LES INFIRMITÉS.** — Jésus au milieu de malades qui se pressent vers lui.

720. **JE ME SUIS LIVR POUR VOUS.** — Tête de Christ.

730. **JE ME SUIS FAIT PAUVRE POUR VOUS.** — Tête de Christ.

511. *B.* **JE NE PUIS RIEN PAR MOI-MÊME** ; Seigneur, soutenez-moi. — *Jeune enfant* essayant de porter une croix et aidé par Jésus.

527. *B.* **JE SUIS VOTRE FRÈRE**, ne craignez rien; c'est pour votre salut que Dieu m'a envoyé. — *Jésus tenant sa croix.* (Mi-corps.)

92. **JE SUCCOMBE, O PÉCHEUR, AFIN QUE TU TE RELÈVES** ; ton cœur pourrait-il être encore insensible à tant d'amour ?— *Notre Seigneur portant sa croix.* (Mi-corps.)

600. **L'HOMME DE DOULEUR.** — *Ecce Homo.*

615. *B.* **MON ENFANT, LAISSE-MOI IMPRIMER DANS TON CŒUR** et sur tes membres ces glorieux stigmates.

110. **O PRÉCIEUX SANG DE MON SAUVEUR**, arrosez mon âme. — *N. S. Jésus-Christ sur la croix.*

529. **O SEIGNEUR, QUE VOUS ÊTES BON !** — Me reposer sur votre cœur, ô Jésus, fait tout mon bonheur.

541. **O VOUS ! POUR QUI J'AI DONNÉ MA VIE**, resterez-vous insensibles à tant d'amour ? — O BON ET TRÈS-DOUX JÉSUS, etc. (prière indulg.). — *N. S. Jésus-Christ sur la croix.*

112. **PÈRE ÉTERNEL, JE VOUS OFFRE LE PRÉCIEUX SANG DE JÉSUS-CHRIST** en expiation de mes péchés — *Notre Seigneur sur la croix.* (Buste).

601. **PRÉSENT DE JÉSUS A L'AME PRÉDESTINÉE.** *Jésus donne sa couronne d'épines à un enfant.*

602. **QUE LES PAUVRES VOIENT & QU'ILS SE RÉJOUISSENT.** — *Notre Seigneur assis,* ouvre les bras à des infirmes et à des malheureux qui s'appuient sur ses genoux.

519 *bis.* **LE REPENTIR.**—Seigneur, ayez pitié de moi!

151. **SCÈNES DE LA PASSION** (4 sujets).

139. **SOUVENIR DU CALVAIRE.** *Une croix entourée de rayons lumineux, avec les instruments de la passion.* — OU SOUFFRIR, OU MOURIR. — Je ne veux plus savoir que Jésus et Jésus crucifié.

139. *B.* **SOUVENIR DU CALVAIRE.** *Au milieu d'une couronne d'épines, une croix et le saint Suaire.* — J'ai tout épuisé, répondez-y.

732. **VENEZ A MOI VOUS QUI ÊTES FATIGUÉS.** — *Tête de Christ.*

Voir aux FEUILLES, les nos 327, 346, 363, 364, 367, 372, 375, 378, 390, 403, 440, 423, 217, 222, 223, 224.

Voir aux SUJETS A ENCADRER, les nos 2511, 2521, 2522, 2532, 2537, 2552, 3013, 3015.

---

§ 5. Jésus bon pasteur.

(*Série à 8 fr.*)

841. LES BREBIS, qui se tiennent toujours PRÈS DE LEUR PASTEUR sont les plus favorisées.

858. LE DIVIN BERCAIL. Je leur donnerai moi-même leur nourriture.

580. LE DIVIN SAUVEUR. — *Le bon Pasteur* retirant une brebis du milieu des épines.

842. JE SUIS LA PORTE DE LA BERGERIE.

777. *B.* JE SUIS VENU CHERCHER LES BREBIS ÉGARÉES. — Enfant Jésus, bon Pasteur.

Jésus bon pasteur (suite).

(*Série à 6 fr.*)

595. LA BREBIS FIDÈLE porte sa croix à la suite de Jésus. — *Enfant Jésus* portant sa croix, suivi d'une brebis.

61. LES BREBIS FIDÈLES. — *Sainte Famille.* L'Enfant Jésus tient une brebis dans ses bras.

109. **BON PASTEUR.** — *En pied.*

531. *B.* **LE BON PASTEUR DONNE SA VIE POUR SES BREBIS.** — *Bon Pasteur.* (Buste.)

50. *B.* **CELLE DE MES BREBIS QUI SERA FAIBLE, JE LA PORTERAI MOI-MÊME.** — *B.* Enfant Jésus ramenant une brebis au bercail.

50. **C'EST MOI-MÊME QUI PRENDRAI SOIN DE MES BREBIS.** — Enfant Jésus bon pasteur.

39. **JE CONNAIS MES BREBIS,** et elles me connaissent. — *Bon Pasteur.* (Buste.)

Voir aux FEUILLES, les nos 381, 382, 232.

Voir aux SUJETS A ENCADRER, le no 2547.

§ 6. Jésus notre frère, notre ami, notre guide.

(*Série à 8 fr.*)

957. **ACCOUREZ PRÈS DE MOI.** Je serai votre appui, votre guide, votre père. — *Jésus entouré d'enfants.*

775. **LE CIEL ET LA TERRE PASSERONT,** mais mes paroles ne passeront point. (*N. S. Jésus-Christ, en buste.*)

903. **LA COURONNE DES VIERGES.** (*N. S. Jésus-Christ donne à une jeune fille une rose qu'il détache d'une couronne de roses blanches.*)

625. **DÉLIVREZ-MOI, SEIGNEUR.** Jésus retirant un enfant d'un précipice.

783. **LE DIVIN ABRI.** *De jeunes colombes viennent s'abriter près de Jésus.* — C'est moi qui prendrai soin de vous.

685 *bis.* **L'ENFANT DU SEIGNEUR.** — Mon Dieu, mon Père, c'est dans vos bras que je me réfugie.

887 **JE NE REJETTERAI PAS CELUI QUI VIENDRA A MOI.** — *Jeune homme dans les bras de Jésus.*

543. **JÉSUS BÉNISSANT LES ENFANTS.**

683. **JÉSUS GUIDE DES VOYAGEURS.** — Seigneur, je marcherai avec courage, selon votre parole.

886. **JÉSUS PÈRE DE L'ORPHELIN.** — Je suis étranger sur la terre : Seigneur, ne m'abandonnez pas.

697. **MIRACLE DE LA GRACE.** *Jésus sauvant un enfant des flots.* — Je suis venu à toi lors même que tu ne m'invoquais pas.

809. **NE CRAIGNEZ RIEN, PETIT TROUPEAU.** — *Jésus bénissant de jeunes prêtres.*

956. **LE PAUVRE PRIE, LE RICHE DONNE** et **Jésus** les bénit tous les deux.

973. PLUS PESANT SERA TON FARDEAU, PLUS ABONDANTES SERONT MES GRACES.—*Jésus donnant sa croix à un enfant à genoux devant lui.*

883. POUR SURMONTER L'EFFORT D'UNE MER EN FURIE, MA FORCE EST EN JESUS.—*Jeune prêtre dans une barque luttant contre les flots.*

974. LA ROUTE EST ESCARPÉE, mais elle conduit au ciel.— *Petit pèlerin portant sa croix.*

948. SEIGNEUR, DÉLIVREZ-MOI DES CHAINES DU PÉCHÉ. — Jésus détachant les chaînes d'un enfant.

798. SINITE PARVULOS VENIRE AD ME.

771 *bis*. VEILLEZ ET PRIEZ. (N. S. Jésus-Christ en buste.)

Jésus notre frère, etc. (suite).

(*Série à 6 fr.*)

640 *bis*. AGRÉEZ, SEIGNEUR, L'OFFRANDE DE TOUS LES BIENS QUE JE TIENS DE VOTRE BONTÉ. — Jésus accepte une grappe de raisin que lui offre un jeune enfant.

56. CELUI QUI CONSERVERA SON CŒUR DANS L'INNOCENCE, SERA LE BIEN-AIMÉ DE DIEU. — *Jésus bénissant les enfants.*

66. **ÊTRE AVEC JÉSUS EST UN PARADIS.** — Jésus bénit un enfant.

628. **GÉNÉROSITÉ DE LA PROVIDENCE.** — Christ donnant le grain à des oiseaux (deux anges portent cette légende : *Ne soyez jamais inquiets du lendemain*).

583. **JÉSUS BÉNISSANT LES ENFANTS.**

524. **JÉSUS COMBLE DE FAVEURS L'AME QUI S'ABANDONNE A LUI.**

571. **JÉSUS GUIDE DE L'AME FIDÈLE.** — N. S. conduisant un jeune pèlerin.

133. *B*. **JÉSUS PROTECTEUR DE L'ENFANCE.** — Un enfant est dans ses bras; *près de lui sont deux jeunes enfants qu'il abrite de son manteau.*

723. **JE SUIS LA LUMIÈRE ET LA VIE.** (Buste de N. S. Jésus-Christ.)

726. **JE TE DÉLIVRERAI DES EMBUCHES DU DÉMON** (Tête de Christ.)

105. **NOTRE SEIGNEUR JÉSUS-CHRIST.**—Pour répondre à mon amour, enfant, donne-moi ton cœur. *Buste.*

698. *bis.* **PARLEZ, SEIGNEUR, VOTRE SERVANTE ÉCOUTE.**— *Jeune fille aux pieds de Jésus.*

502. **VENEZ A MOI, MES BRAS VOUS SONT OUVERTS.** (Buste de N.-S. J.-C.)

666. **VOIE DU SALUT.** — *Jésus indiquant le chemin*

du ciel à un jeune enfant qui semble regarder en arrière. « Celui qui regarde en arrière est bien près de s'arrêter. »

134. **LE ZÈLE DE VOTRE MAISON M'A DÉVORÉ.** (Tête de Christ.)

Voir aux FEUILLES, les nos 355, 363, 364, 376, 378, 395, 414, 416, 427, 429, 441.

Voir aux SUJETS A ENCADRER, les nos 2526, 2525, 3001, 3009.

§ 7. Evangile en Action.

(*Série à 8 fr.*)

920. **ADORATION DES BERGERS.**

829. **BAPTÊME DE JÉSUS.**

904. **BIENHEUREUX LE RICHE** qui emploie ses richesses à soulager les douleurs du pauvre. **BIENHEUREUX LE PAUVRE** qui unit ses souffrances à celles de Jésus. — *Lazare et le mauvais riche.*

849. **LE BON SAMARITAIN.**

930. **BONHEUR DU JUSTE.** — Je puis mourir en paix. *La Présentation.*

921. **LE CENTENIER.** — La prière humble est puissante devant Dieu.

800. *B.* **CECI EST MON CORPS, CECI EST MON SANG.** — La sainte Cène.

758. *B.* **CE QUE VOUS DÉLIEREZ SUR LA TERRE SERA DÉLIÉ DANS LE CIEL.** — *Jésus donnant à saint Pierre les clefs du Paradis.*

800. *C.* **CELLES QUI ÉTAIENT PRÊTES ENTRÈRENT AVEC LUI.** — La parabole des Vierges sages.

843. **LA CHANANÉENNE.** Les petits chiens mangent les miettes qui tombent de la table de leur maître.

935. *B.* **LA CHANANÉENNE** aux pieds de Jésus.

938. **LE DENIER DE LA VEUVE.** — Elle a donné de son indigence.

780. **LE DENIER DE CÉSAR.**

833. **DIEU A TANT AIMÉ LE MONDE,** *qu'il lui a donné son Fils unique.*— La sainte Famille debout. — Au dessus : la très-sainte Trinité, l'Annonciation, le très-saint Sacrement adoré par des Anges.

922. **LE DIVIN EXILÉ.** — *Fuite en Egypte.*

928. D'où me vient ce bonheur ? **LA SAINTE VIERGE CHEZ ELIZABETH.**

791. **ENFANT PRODIGUE.** — Mon Dieu ! j'ai péché contre le Ciel et contre vous.

917. **FUITE EN EGYPTE.**

975. **GRACE DU REPENTIR.**— Le coq chanta et Jésus se retournant regarda Pierre.

913. **HEUREUSE LA VIERGE SAGE** qui a su entretenir sa lampe. — *L'Enfant de Marie au ciel.*

879. **HEUREUSE L'AME VRAIMENT DIGNE** d'être visitée par Jésus et par sa mère. — *Visitation.*

798. *B.* **HOSANNA! BÉNI SOIT CELUI QUI VIENT AU NOM DU SEIGNEUR.** — *Entrée de Jésus à Jérusalem.*

902. **IL N'Y AVAIT PAS DE PLACE** pour eux dans l'hôtellerie.—*Saint Joseph et la sainte Vierge cherchant asile la nuit de Noël.*

808. **ILS PERSÉVÉRAIENT DANS LA PRIÈRE** avec Marie. — *La Pentecôte.*

794. *B.* **JE SUIS LA SERVANTE DU SEIGNEUR.** — *Annonciation.*

900. **JÉRUSALEM, SI TU SAVAIS** en ce jour ce qui peut t'apporter la paix. — *Jésus pleure sur Jérusalem.*

800. *D.* **JÉSUS EUT PITIÉ.** — Jésus guérissant les malades.

880. **JÉSUS EST SERVI PAR LES ANGES.**

762. **JÉSUS MONTA DANS UNE BARQUE** qui était à Simon, et de là il instruisait le peuple.

966. **LA SAMARITAINE.** — Celui qui boira de l'eau que je donnerai n'aura jamais soif.

800. **LE LAVEMENT DES PIEDS.** — Je vous ai donné l'exemple, afin que vous fassiez comme je vous ai fait.

954. **LAZARE EST MORT.** Et Jésus se troubla en lui-même et pleura. — *Marthe et Marie aux pieds de Jésus.*

955. **LEVE-TOI,** prends ton lit et marche. — *Paralytique guéri.*

773. **MADELEINE** modèle des pénitents. — *Beaucoup de péchés lui seront remis, parce qu'elle a beaucoup aimé.*

832. Marthe, Marthe, **UNE SEULE CHOSE EST NÉCESSAIRE !**

885. **MON SEIGNEUR ET MON DIEU !** — Confession de saint Thomas.

935. **MON MAITRE !** Jésus apparaissant à Madeleine.

850. **MULTIPLICATION DES PAINS.**

766. **O JÉSUS ! DÉLIEZ MA LANGUE,** afin que chaque jour je chante vos louanges. — *Jésus rendant la parole à un muet.*

923. O Jésus, transfigurez nos cœurs. — **LA TRANSFIGURATION.**

960. **O MON PEUPLE, QUE T'AI-JE FAIT?** — Jésus pleurant sur Jérusalem.

901. Où sont les neuf autres? **LES DIX N'ONT-ILS PAS ÉTÉ GUÉRIS.**—*Le lépreux reconnaissant.*

857. **PÊCHE MIRACULEUSE.**

773. *B.* **PIERRE, M'AIMEZ-VOUS?** Seigneur, vous connaissez toutes choses; vous savez que je vous aime. — *Paissez mes brebis.*

780 *bis.* **POURQUOI CRAIGNEZ-VOUS, HOMMES DE PEU DE FOI?** — *Jésus apaisant la tempête.*

844. **ET VOUS AUSSI ALLEZ DANS MA VIGNE.** Pourquoi vous tenez-vous ici à ne rien faire? — *Le maître de la vigne.*

772. **RÉSURRECTION A LA GRACE.** Jeune homme, levez-vous et marchez ! — *Le fils de la veuve ressuscité.*

807. *C.* La sagesse de Dieu était en lui. — **JÉSUS AU MILIEU DES DOCTEURS.**

976. **SÉPULTURE DE JÉSUS.**

937. **LE SEIGNEUR EST LE MAITRE DE SES BIENFAITS.** — Parabole des vignerons.

789. **SEIGNEUR, LAISSEZ MAINTENANT ALLER VOTRE SERVITEUR,** car mes yeux ont vu votre salut. — *Présentation.* Le vieillard Siméon.

905. **SEIGNEUR, SI VOUS EUSSIEZ ÉTÉ ICI, MON**

FRÈRE NE SERAIT PAS MORT. — Paroles de Marthe et Marie annonçant à Jésus la mort de Lazare.

851. **LA SEMENCE, C'EST LA PAROLE DE DIEU.** — *Parabole de la semence.*

907. Si quelqu'un veut venir après moi, **QU'IL RENONCE A SOI-MÊME, ET QU'IL ME SUIVE.**

790. **SEIGNEUR, SAUVEZ-NOUS ; NOUS PÉRISSONS.** — *Sommeil de Jésus dans la barque.*

798. **SINITE PARVULOS VENIRE AD ME.**

790. *bis.* **TOUS VOS PÉCHÉS VOUS SONT REMIS.** — Jésus guérit le paralytique.

918. **TOUT POUR LA PLUS GRANDE GLOIRE DE DIEU.** — Jésus au milieu des docteurs.

916. Venez, mon Jésus, venez dans mon cœur. **ADORATION DES ANGES.**

848. **VOCATION DE SAINT MATHIEU.**—Jésus lui dit: *Suivez-moi,* et quittant tout, *il le suivit.*

Évangile en Action (suite).

(Série à 6 fr.)

608. **BIENHEUREUX CEUX QUI PLEURENT**, ils seront consolés.

608 *B.* **BIENHEUREUX LES PAUVRES D'ESPRIT**, le royaume des cieux est à eux.

611. **BIENHEUREUX LES CŒURS PURS**, car ils verront Dieu.

611 *B.* **BIENHEUREUX CEUX QUI ONT FAIM ET SOIF DE LA JUSTICE**; ils seront rassasiés.

616. **BIENHEUREUX CEUX QUI SONT MISÉRICORDIEUX**, parce qu'ils seront traités avec miséricorde.

616 *B.* **BIENHEUREUX LES PACIFIQUES**, parce qu'ils seront appelés enfants de Dieu.

618 **BIENHEUREUX CEUX QUI SOUFFRENT PERSÉCUTION POUR LA JUSTICE**, parce que le royaume des cieux leur appartient.

618. *B.* **BIENHEUREUX CEUX QUI SONT DOUX**, parce qu'ils posséderont la terre.

79. **LES HUIT BÉATITUDES.** — Croix à médaillons.

549. **CECI EST MON CORPS, CECI EST MON SANG.** — La Sainte Cène.

504. **ÉVANGILE DU Ier DIMANCHE DE L'AVENT.** Il y aura des signes au soleil, à la lune, aux étoiles et sur la terre. — *Les hommes sècheront de terreur à cause de l'agitation de la mer.*

546. **JÉSUS GUÉRISSANT LES MALADES.**

583. **JÉSUS INSTRUISANT LES PETITS ENFANTS.**

590 **IL LEUR ÉTAIT SOUMIS.** — Sainte Famille.

633. **LA MOISSON EST ABONDANTE,** *mais il y a peu d'ouvriers.*

600. **L'HOMME DE DOULEURS.** — *Ecce Homo.*

645. **MON PÈRE, MON PÈRE, J'AI PÉCHÉ CONTRE LE CIEL ET CONTRE VOUS;** je ne suis pas digne d'être appelé votre fils. — *Enfant prodigue.*

831. **RÉSURRECTION DE LAZARE.** — Lazare, viens dehors !

830. **TENTATION DANS LE DÉSERT.** — Tu adoreras le Seigneur ton Dieu.

Voir aux FEUILLES, les nos 323, 324, 325, 333, 334, 401, 419, et, *pour les béatitudes*, aux nos 308, 345 et 416.

Voir aux SUJETS A ENCADRER, les nos 2503, 2504, 2505, 2533, 2546, 2547, 2548.

---

§ 8. Le Saint-Esprit.

(*Série à 8 fr. le cent en noir.*)

794 *B.* **ANNONCIATION.** — Je suis la servante du Seigneur.

829. **BAPTÊME DE JÉSUS-CHRIST.** — Voici mon fils

bien-aimé en qui j'ai mis toutes mes complaisances, écoutez-le.

808. **DESCENTE DU SAINT-ESPRIT SUR LA SAINTE VIERGE ET LES APOTRES.**—Ils persévéraient dans la prière avec Marie.

863. **GLOIRE AU PÈRE, AU FILS ET AU SAINT-ESPRIT.** La sainte Trinité.

758. **IMMACULÉE CONCEPTION.**—Elle sera élevée au milieu de son peuple, elle sera admirée dans l'assemblée des saints. *Le Saint-Esprit plane au-dessus de la sainte Vierge.*

674 *bis.* **INTÉRIEUR DE LA SAINTE VIERGE.**— Oh! qu'elle est belle, Marie! son cœur est le temple de l'Esprit-Saint.

735. **L'ESPRIT-SAINT M'A COUVERTE DE SON OMBRE.** — *Tête de Vierge.*

Le Saint-Esprit (suite).

(*Série à 6 fr. le cent en noir*).

7. **INTÉRIEUR DE LA TRÈS-SAINTE VIERGE.** — *Marie temple du Saint-Esprit.*

94. **LA TIGE DE JESSÉ A PRODUIT UNE FLEUR SUR**

LAQUELLE L'ESPRIT DU SEIGNEUR S'EST REPOSÉ. Marie enfant au milieu d'un lis.

542. **IL DONNERA SON BON ESPRIT A CEUX QUI LE LUI DEMANDERONT.**—Jésus accueille avec bonté un jeune enfant qui semble l'implorer : au-dessus d'eux, le Saint-Esprit.

678 *B*. **MARIE IMMACULÉE** reçoit la grâce du Saint-Esprit

Voir aux FEUILLES, les nos 227, 304, 305, 407, 436.

---

9. Immaculée Conception.

(*Série à 8 fr.*)

753 *B*. **A VOUS, O MARIE**, qui n'avez jamais été atteinte par aucune souillure du péché ni actuel, ni originel, je recommande et confie la pureté de mon cœur. — *Marie immaculée*, d'après l'image romaine.

847. **ASSOMPTION DE LA TRÈS-SAINTE VIERGE MARIE.** — O Vierge, qu'avec vous mon cœur s'élève au ciel.

585. **C'EST LA REINE DES CIEUX**, la lune est sous ses pieds, et sur sa tête une couronne de douze étoiles.

806. **ELLE EST LA JOIE DU JUSTE ET L'ESPÉRANCE DU PÉCHEUR.** — *La sainte Vierge immaculée,* couronnée, les mains jointes. (Buste.)

596. **ELLE EST NOTRE ESPÉRANCE** et répand ses vertus dans nos cœurs. — *Immaculée Conception.*

753. **LA BIENHEUREUSE VIERGE MARIE,** a été dans le premier moment de sa Conception, par une grâce et un privilége particulier de Dieu, et en vue des vertus de Jésus-Christ, Sauveur du genre humain, *préservée de toute tache du péché* originel. — *Immaculée couronnée;* ses pieds écrasent le serpent. D'après l'image romaine.

784. *D.* **LE SEIGNEUR EST MON PARTAGE;** je l'ai choisi. — *Immaculée Conception.* (Buste.)

747 *B.* **LA TRÈS-SAINTE VIERGE IMMACULÉE,** sur des nuages, les mains étendues.

747. *C.* **LA TRÈS-SAINTE VIERGE IMMACULÉE** sur des nuages, les mains croisées sur la poitrine.— (*Murillo*) *d'après le tableau du Louvre.*

747. **LA VIERGE IMMACULÉE,** abritant de jeunes enfants sous son manteau.

940. **MARIE IMMACULÉE.** — Le Tout-Puissant a fait en elle de grandes choses.

784. *C.* **MARIE, REINE DES VIERGES,** *tenant un lis.*

—Venez à moi, vous qui voulez garder votre innocence. (*Buste.*)

764 *bis.* **MATER DEI.** Elle est la dispensatrice de toutes les grâces, et le modèle de toutes les vertus. — *Vierge immaculée, de ses mains tombent des fleurs.*

771. **MON AME, GLORIFIE LE SEIGNEUR.** — *Immaculée.* (Buste.)

758. **O MARIE, CONÇUE SANS PÉCHÉ,** priez pour nous.

696. **O MARIE,** que les fleurs et toute la nature vous disent avec l'Ange : AVE, MARIA. — *Vierge immaculée entourée d'une légère guirlande de fleurs.* Les mots *Ave Maria* sont formés par les premières lettres des noms de chaque fleur.

801. *B.* **PORTONS-LA, COMME UN GAGE** de son amour maternel. — (Apparition de la médaille à la novice des Sœurs de charité) l'*Immaculée Conception.*

716. **SOUVENIR DU 8 DÉCEMBRE** 1854. O Marie conçue sans péché, priez pour nous qui avons recours à vous. — L'*Immaculée Reine du ciel, les mains jointes.*

756. **TOTA PULCHRA ES, MARIA !** — *Marie au milieu d'un médaillon encadré de fleurs.*

Immaculée Conception (suite.)

(*Même sujet. — Série à 6 fr.*)

153. *E.* **AVEC SON DIVIN FILS** son cœur demeure **ATTACHÉ A LA CROIX.** — Deux charmantes *petites images de la Vierge immaculée.* (La dentelle en forme de croix.)

50. **CONSEILS MATERNELS.** Je vous écoute, ô Marie!

47. *C.* **ELLE EST LA MÈRE DE LA SAINTE ESPÉRANCE** — Vierge immaculée.

197. **ELLE EST NOTRE GARDIENNE.** — *La très-sainte Vierge immaculée couronnée*, imitée de l'image romaine.

516. **ÉTOILE DU MATIN.** Elle brille dans le firmament. — *Buste de Vierge.*

678. *B.* **IMMACULÉE CONCEPTION** au milieu d'une guirlande de roses et de lis. — *Marie, les bras étendus, reçoit la grâce de l'Esprit-Saint.*

541. *E.* **MARIE, CONÇUE SANS PÉCHÉ,** priez pour nous qui avons recours à vous. — *Immaculée Conception* (sujet ovale).

515. *B.* **REINE DES ANGES.** — Les anges la contemplent avec admiration.

632. **SOUS LA DOUCE INFLUENCE DE SES RAYONS CROISSENT LES LIS DE L'INNOCENCE.** — *Vierge sortant d'un massif de lis.*

38. *B.* **SA BONTÉ ÉGALE SA PUISSANCE.** — *Immaculée Conception.*

153. *D.* **SAINTE MÈRE, APPRENEZ-MOI A AIMER LA CROIX** (*très-petit format.*)

94. **TIGE DE JESSÉ.** — Que les cieux se réjouissent, que la terre soit remplie d'allégresse, *la tige de Jessé a produit une fleur sur laquelle l'Esprit du Seigneur s'est reposé.*

81. **VOUS ÊTES TOUTE BELLE, O MARIE,** il n'y a pas de tache en vous ; c'est pourquoi nous vous adressons nos prières avec confiance ; CAR VOUS ÊTES LA BIEN-AIMÉE DU TOUT-PUISSANT. — *Vierge immaculée au milieu d'une couronne de roses et de lis.*

Voir aux FEUILLES, les nos 368, 391, 392, 437.

Voir aux SUJETS A ENCADRER, les nos 2510, 2520, 2524, 2525, 2549, 2559, 3000, 3003, 3008, 3012.

§ 10. Marie mère du Sauveur.

(*Série à 8 fr.*)

667. **AVEC JÉSUS**, qu'il est doux de reposer dans les bras de Marie ! — *La sainte Vierge endormie : Jésus repose dans ses bras.*

824. **C'EST LUI QUI VIENT NOUS APPORTER LA PAIX.** Aimez votre Sauveur, votre ami, votre frère. — *La sainte Vierge nous présente l'Enfant Jésus.*

873. **ELLE A PARTAGÉ MES DOULEURS.** Imitez-la, si vous voulez avoir part à ma gloire. — *La Reine du ciel portant devant elle son divin Fils entre les bras duquel est une croix.*

878. **ELLE EST DEVENUE MÈRE SANS CESSER D'ÊTRE VIERGE.** — *La sainte Vierge et l'Enfant Jésus.* (RAPHAEL.)

872. **ELLE EST LA PORTE DU CIEL.** — *Jésus enfant dans les bras de la Reine du ciel*, tient d'une main la boule du monde et de l'autre semble indiquer le ciel en regardant sa Mère avec amour.

719. **ELLE EST MA MÈRE !** Elle est la dispensatrice de toutes mes faveurs. — *La sainte Vierge tenant entre ses bras l'Enfant Jésus* qui porte la boule du monde.

776. **ELLE EST MA MÈRE !** Je l'ai choisie pour dis-

penser toutes mes faveurs et partager ma puissance. — *La très-sainte Vierge avec l'Enfant Jésus.*

875. **ELLE EST VOTRE MÈRE.** Recourez à elle dans tous vos besoins. — *La Vierge Mère* (Raphael).

811. **HEUREUSE MÈRE!** rappelez-vous que nous sommes aussi vos enfants. — *Vierge avec l'Enfant Jésus.*

889. **IL A AIMÉ L'ENFANCE.** Il s'est fait enfant. — *La sainte Vierge avec l'Enfant Jésus.*

752. **JÉSUS ENFANT**, cédez-moi votre place dans les bras de Marie; je veux y demeurer toujours. — *Enfant Jésus dans les bras de la sainte Vierge.*

868. **JE SUIS VOTRE FRÈRE ET MARIE VOTRE MÈRE**, comprenez votre bonheur. — *Jésus enfant et sa sainte Mère.*

606. **JE VOUS L'AI DONNÉE POUR MÈRE.** — La sainte Vierge et l'Enfant Jésus.

794 *C.* **LA CROIX EST LA MESURE DE SON AMOUR POUR VOUS.** — Vierge avec l'Enfant Jésus tenant une croix. La sainte Vierge Mère de Dieu.

876. **L'AME QUI POSSÈDE JÉSUS** a trouvé la paix et le repos. — *La sainte Vierge, Mère de Dieu.*

584 *bis.* — **L'ENFANT JÉSUS COURONNE SA DIVINE MÈRE.**

584. **LA SAINTE VIERGE ET L'ENFANT JÉSUS** debout sous un berceau de lis, adorés par les anges.

699 *B*. **MARIE CONSERVAIT TOUTES CES CHOSES EN SON CŒUR.** — *Marie tenant l'Enfant Jésus* endormi sur ses genoux ; elle est dans un profond recueillement.

741. *B*. **MARIE MÈRE DE DIEU.** — Vierge avec l'Enfant Jésus couronné.

877. **MON BIEN-AIMÉ EST A MOI ET JE SUIS A LUI.** — *La sainte Vierge* contemple avec amour *son divin Enfant* couché dans ses bras.

810. **NOTRE SALUT EST DANS SES BRAS.** — Vierge avec l'Enfant Jésus dans ses bras.

807. *B*. **OBÉISSANT JUSQU'A LA MORT ET A LA MORT DE LA CROIX !** — L'Enfant Jésus tend les bras vers une croix que lui présente la sainte Vierge.

560 *B*. **VIERGE SAINTE ! VOUS PORTEZ LE SALUT DU MONDE.** — Mère de Dieu et mère des hommes, obtenez-nous miséricorde.

886. **O MON FILS ! O MON DIEU !** quel mystère ! — *La sainte Vierge avec l'Enfant Jésus.*

941. **O MARIE, MÈRE DU SAUVEUR**, prenez pitié de nous. — *Jésus dans les bras de Marie, tue le serpent avec sa croix.*

864. **PRÉSENT DE L'AMOUR DE MARIE.** Pour récompense de tes hommages, reçois sa douce bénédiction.

— *L'Enfant Jésus dans les bras de sa mère, bénit un enfant.*

583 *bis.* **QU'IL EST BEAU LE DIVIN ENFANT JÉSUS!** — L'Enfant Jésus sur les genoux de la sainte Vierge adoré par les anges.

699. **STATUE EN PIED DE LA SAINTE VIERGE COURONNÉE** ; dans ses bras est l'Enfant Jésus.

607. **VIERGE A LA CHAISE.**

607 *bis.* **VIERGE AU POISSON.**—Je suis la mère de la sainte espérance; je suis la mère du pur amour.

664. **VIERGE AUX CANDELABRES.**

896. **VOICI NOTRE SALUT!** Il vient effacer les péchés du monde. — *La sainte Vierge, l'Enfant Jésus et saint Jean* (RAPHAEL).

747. *D.* **VOICI NOTRE RÉDEMPTEUR.** — Marie montrant son divin Fils.

891. **VOUS AVEZ DONNÉ LA JOIE A MON CŒUR.** — La sainte Vierge avec l'Enfant Jésus.

679. **VOYEZ COMME IL L'AIMAIT.** — Enfant Jésus caressant la sainte Vierge.

865. **VOYEZ COMME ON EST BIEN SUR SON CŒUR!** Venez reposer avec moi dans ses bras.—*L'Enfant Jésus dans les bras de sa mère.*

Marie mère du Sauveur (suite).

(*Série à 6 fr. en noir.*)

515. **ARCHE D'ALLIANCE.** — Celui qui m'a créée, s'est reposé dans mon sanctuaire.

577 *bis*. **HEUREUX L'ENFANT QUI LES PREND POUR MODÈLES.** — La sainte Vierge et l'Enfant Jésus.

678. **JÉSUS ENFANT** dans les bras de Marie. — *Des anges les entourent de guirlandes de fleurs.*

513. **LA PLUS TENDRE DES MÈRES.**

506. **LA PLUS TENDRE DES MÈRES** (très-petit sujet).

575 *bis*. **LA MÈRE DE DIEU EST LA NOTRE.** — *La sainte Vierge et l'Enfant Jésus* en buste au milieu de fleurs.

69. **MARIE, LUMIÈRE DU MONDE,** je vous salue, notre Reine et notre Mère.

634. **MARIE TENANT EN SES BRAS L'ENFANT JÉSUS,** est portée sur un nuage ; le Saint-Esprit plane au-dessus d'elle ; les anges lui rendent leurs hommages.

3. **SAINTE MÈRE DE DIEU.**—O Vierge, que le Roi de gloire daigne choisir pour son palais ; Arche où le ciel nous donna la paix.

577. **MÈRE DE JÉSUS, PRIEZ POUR NOUS.** — *La sainte Vierge*, assise sur des nuages et portant l'Enfant Jésus dans ses bras.

586 *B*. **MÈRE DU CRÉATEUR.**

65. **MÈRE DU RÉDEMPTEUR.** — Marie ! la porte du ciel, montrez que vous êtes notre Mère !

510 *bis*. **MÈRE DU SAUVEUR.** — Ma Mère, protégez-moi, je me jette en vos bras.

507. **MÈRE TRÈS-PURE**, le Tout-Puissant l'a choisie pour sa mère.

589. **TOUT CE QU'ELLE ME DEMANDERA POUR VOUS, JE LE LUI ACCORDERAI.** — La sainte Vierge et le divin Enfant.

517. **VENEZ MES ENFANTS**, écoutez-moi, je vous enseignerai la charité du Seigneur. — *La Vierge au livre* (RAPHAEL).

51. **VIERGE A LA COURONNE.** — Marie ! Reine du monde, Mère très-chaste ; réjouissez-vous, ô Reine du ciel qui avez mérité d'être la mère de notre Dieu.

591. **VIERGE AU ROSAIRE.**

684. **VIERGE AVEC L'ENFANT JÉSUS.** — Aimez-la comme elle vous aime.

502 *B*. **VIERGE AVEC L'ENFANT JÉSUS.** — Refuge des pécheurs, priez pour nous.

541. *F.* **VIERGE COURONNÉE AVEC L'ENFANT JÉSUS.** — Voilà votre mère, venez lui confier vos besoins et vos misères.

47 *B.* **VIERGE TENANT L'ENFANT JÉSUS.** — Elle est la mère du bel amour.

Voir aux FEUILLES, les nos 349, 344, 368, 396, 380.

Voir aux SUJETS A ENCADRER, les nos 2527, 2554, 3002.

---

§ 11. Marie notre Mère.

(*Série à 8 fr. le cent en noir*).

944. **BONNE MÈRE, AIDEZ-MOI.** — Marie guide un enfant au milieu des épines.

950. **CELUI QUI ÉLÈVE SES REGARDS VERS MARIE** sent la joie descendre dans son cœur.

540 *B.* **ELLE EST AUSSI NOTRE MÈRE.** — La sainte Vierge et l'Enfant Jésus.

986. **ELLE EST LA JOIE DU JUSTE, L'ESPÉRANCE DU PÉCHEUR.** — *Jeunes pèlerins que Marie encourage et console.*

875. **ELLE EST VOTRE MÈRE !**

925. **FLEUR DE BÉNÉDICTION.** — Marie sortant d'un

lis qui croît au milieu de la mer; dans le lointain l'arche de Noé.

680 *B.* **HEUREUX L'ENFANT DOCILE AUX LEÇONS DE MARIE !** — Jeune enfant apprenant à lire sur les genoux de Marie.

995. **JE LA CONDUIRAI DANS LA RETRAITE,** et là je parlerai à son cœur. — *Jeune pèlerin dans la solitude, méditant à genoux au pied de la croix et de la statue de Marie.*

996. **JEUNE FILLE A GENOUX RECEVANT LA MÉDAILLE DES ENFANTS DE MARIE.**

869. **JE SUIS VOTRE ENFANT** ; Marie, revêtez-moi de vos vertus. — Marie, un lis à la main, donnant le scapulaire.

867. **JÉSUS REÇOIT NOS FLEURS, MARIE REÇOIT NOS CŒURS.** — Jeunes enfants offrant des fleurs à l'Enfant Jésus et à Marie.

674. **JE ME REPOSERAI SUR SON CŒUR** et j'y goûterai la paix. — Un jeune enfant se réfugiant dans les bras de Marie. Abandon à Marie.

636. **L'AMOUR DE MARIE CONDUIT A L'AMOUR DE JÉSUS.**—O Marie ! qu'il est doux de vous prier, de vous aimer !

970. **LE PLUS DOUX HOMMAGE AU CŒUR D'UNE MÈRE** sont les prémices des talents de ses enfants.

962. **LE PASSEREAU A TROUVÉ UNE DEMEURE.** — — Jésus et Marie caressant une colombe.

911. **LA COUR AIMÉE DE MARIE.**

909. **L'HEUREUX ENFANT DE MARIE.**

939. **MA MÈRE,** associez-moi à vos divines tendresses pour mon Jésus. — *Madone embrassant l'Enfant Jésus.*

912. **MA MÈRE, BÉNISSEZ-MOI!**

870. **MARIE, REINE DES VERTUS.**—Jeune fille offrant des fleurs à Marie.

866. **MARIE NOTRE PROTECTRICE.** — Je me jette en vos bras, ô ma tendre Mère ! gardez-moi.

972. **MARIE VOUS COURONNERA COMME VOUS L'AUREZ COURONNÉE.**—Enfants offrant des couronnes à Marie qui en dépose une sur la tête de l'un d'eux.

792 *B.* **MA MÈRE, RECEVEZ VOTRE ENFANT.** — *Une jeune fille* s'élève vers la sainte Vierge qui lui tend les bras.

949, **MARIE, MÈRE DE JÉSUS ET DU PAUVRE PÉCHEUR.** — Marie portant son divin Fils, tend la main à un enfant.

895. **NE PLEUREZ PAS SUR MOI.** — Je n'ai quitté la terre que pour **VOLER AU CIEL DANS LES BRAS DE MA MÈRE !** L'enfant de Marie au ciel.

985. **NOUS VOICI, O MARIE, POUR FAIRE VOTRE VOLONTÉ.**—*Petits enfants aux pieds de la sainte Vierge.*

647. **O MA MÈRE,** que chacune de mes prières soit une fleur qui s'ajoute à la guirlande d'amour dont je veux vous entourer. — *Vierge entourée de roses* qui sortent de la bouche d'une jeune fille.

910. **O MÈRE, TENDRE MÈRE!**

854. **OUI, NOUS L'AVONS JURÉ, NOUS LUI SERONS FIDÈLES.** — *Consécration de jeunes filles à la sainte Vierge.*

702 *bis.* **O MA TRÈS-SAINTE MÈRE !** Ouvrez-moi votre cœur, je veux vous aimer, vous imiter. — *Une eune enfant* se jette en les bras de Marie, dont le cœur est ouvert.

747. **O MARIE, CONÇUE SANS PÉCHÉ, PRIEZ POUR NOUS** (Le 8 décembre 1854, S. S. Pie IX a proclamé le dogme de l'Immaculée Conception). — Immaculée abritant deux jeunes enfants sous son manteau.

936. **QU'ON EST BIEN SUR LE CŒUR DE MARIE!** Vivons saintement pour y reposer un jour. — *Vierge avec l'Enfant Jésus.*

578 *B.* **PLANCHE DU SALUT.** A la croix et à Marie je devrai mon salut. — *Un enfant dans les flots essayant de se sauver en saisissant la croix. Marie au ciel le regarde avec miséricorde.*

958 **PRENDS CE GAGE DE MA TENDRESSE**; chaque fleur de la couronne de ma mère est l'emblème d'une de ses vertus. — *Jésus enfant donnant à un pèlerin une fleur de la couronne de Marie.*

971. **REINE DES ANGES.**

855. **RECEVEZ LE SCEAU DE VOTRE ADOPTION.** — *Remise de la médaille de l'Immaculée Conception* à une jeune fille.

913. **TRIOMPHE DE L'ENFANT DE MARIE.** — Marie présente à Jésus la vierge fidèle qui a su entretenir sa lampe.

682. **VENEZ A MOI ET VOUS SEREZ COMME DES ANGES!** O Marie! reine des anges! Sauvez vos enfants. — *Vierge couronnée étendant ses bras* vers un groupe d'enfants agenouillés qui lui présentent une croix, une couronne d'épines et des bouquets de lis.

959. **VENEZ, MES ENFANTS!** — Jeunes filles entourant la sainte Vierge.

969. **VIVE JÉSUS, VIVE MARIE!** — Enfants offrant des colombes à Jésus et à Marie.

Marie notre Mère (suite).

(Série à 6 fr. le cent en noir.)

619. **AME BIEN-AIMÉE, ATTACHE-TOI A LA CROIX,** si tu veux conquérir la palme que t'offre mon divin Fils. — *Vierge tenant l'enfant Jésus* auquel un enfant présente une palme.

27. **ABANDON A MARIE.** — Vous êtes ma mère ! A vous tout mon être, à vous toutes mes affections, toutes mes pensées !

640. **CAUSE DE NOTRE JOIE.** — Ma mère, je vous confie toutes mes joies, toutes mes espérances ; aidez-moi à glorifier dignement le Seigneur.

545. **CONFIANCE EN MARIE.** — Je m'abandonne à son amour.

129. **CONSÉCRATION DES ENFANTS DE MARIE.** — *Voilà votre Mère !* régnez sur nous, vous et votre Fils.

55. **CONSEILS MATERNELS.** — Je vous écoute, ô Marie.

142. **ENFANTS PRIVILÉGIÉS DE MARIE.** — Elle leur montre le chemin du ciel.

111. **ENFANTS DE MARIE.** Une foule de jeunes enfants s'abritant sous le manteau de Marie.

124. **LA CORBEILLE DE MARIE.** — *Groupe offrant des cœurs, des fleurs, des croix* à la sainte Vierge.

126. **LA CORBEILLE DE MARIE.** Liens de charité. — *Groupe de jeunes enfants* présentant un cœur d'une main; l'autre main tient un cordon qui correspond au cœur de Jésus.

524 *bis.* **MARIE PROTÉGE L'AME QUI LA CHOISIT POUR MÈRE.**

138. **MARIE, PROTECTRICE DE LA JEUNESSE.**—Ma bonne mère, nous voulons être tout à vous.

142 *bis.* **MARIE VEILLE SUR NOUS**, que notre sort est doux!

14. **MONTREZ QUE VOUS ÊTES NOTRE MÈRE.** — Que par vous mes prières soient accueillies par Jésus!

46. **MARIE NOTRE BONNE MÈRE.**—Si vous voulez être les vrais enfants de Marie, efforcez-vous de ressembler à Jésus.

601 *B.* **O MA MÈRE**, les souffrances ne sont plus rien lorsqu'on est soutenu par vous. — *Marie aidant un enfant à porter sa croix.*

547. **OFFRANDE A MARIE.**—De jeunes gens déposent des fleurs aux pieds d'une statue de la sainte Vierge.

529 *B.* **O MARIE, QUE JE VOUS AIME !**

107. **PUISSANCE DE MARIE !** — *Groupe de jeunes vierges*, tenant des fils qui vont concentrer au cœur de l'Enfant Jésus, dans les bras de la sainte Vierge.

540. **QUE L'ON EST BIEN SOUS SON AILE!** — *La sainte Vierge* recevant deux enfants dans ses bras.

123. **VOILA VOTRE MÈRE.** — Régnez sur nous, vous et votre Fils.

Voir aux FEUILLES les nos 368, 380, 413, 435.

Voir aux SUJETS A ENCADRER, les nos 2529, 3016.

---

§ 12. Marie, mère de douleurs, consolatrice des affligés.

(Série à 8 fr. le cent en noir.)

580 *bis*. **DIVINE BERGÈRE.** Je banderai ses plaies, je guérirai toutes ses blessures. — *La sainte Vierge panse la brebis blessée.*

789 *B*. **ESPÉRANCE DE TOUS.**— Abri de l'innocence, refuge du repentir, consolation des affligés, soutien de l'infortune.

902. **IL N'Y AVAIT PAS DE PLACE POUR EUX DANS L'HOTELLERIE.** — *Marie et Joseph* arrivant à Bethléem. — Nuit de Noël.

795 *B*. **JE VOUS ATTENDS** pour vous conduire au bonheur. (*Buste de Vierge.*)

997. **LES ÉPINES DE LA TERRE SE CHANGERONT**

EN FLEURS DANS LE CIEL. — *Jeune fille déposant une couronne d'épines aux pieds de la très-sainte Vierge qui tient une couronne de fleurs.*

715. **MARIE, REINE DES MARTYRS**, montrant une couronne d'épines à un enfant. — *Regarde et vois s'il est une douleur semblable à la mienne.*

761 *bis.* **MARIE RÉVÈLE A L'AME LE SECRET DU SALUT.** — Ecoute, ma fille! prête l'oreille.

754. **MARIE MÈRE DE DOULEUR.**—Elle vit le sang de Jésus couler en abondance et son corps divin déchiré par le fouet; elle vit son divin Fils abreuvé d'outrages et couvert de la pâleur de la mort. (*Buste.*)

613. **MA MÈRE! JE SOUFFRE** en mon âme et dans mon corps; ouvrez-moi votre cœur, que j'y puise courage et consolation.

627 *bis.* **MARIE, MÈRE DE MISÉRICORDE**, *brise la chaîne d'un jeune enfant captif.*

638 *bis.* **MONTREZ QUE VOUS ÊTES MA MÈRE.** — *Le chrétien dépose sa croix* entre les mains de Marie, en implorant son secours.

685. **MÈRE DES ORPHELINS.** — Marie protégeant une jeune fille.

822. **NE PERDEZ JAMAIS LA MÉMOIRE** des angoisses de votre Mère.

537. **NOTRE-DAME DE LA COMPASSION.**

561. **N. D. DE PITIÉ.** — La très-sainte Vierge au pied de la Croix tient dans ses bras le corps de N.-S.

783 *B.* **NON, VOUS NE SEREZ POINT ORPHELINS.** — *Des colombes se réfugiant* sous la protection de Marie. — Le céleste refuge.

784. **O HOMMES, MON MARTYRE EST VOTRE OUVRAGE** et je l'endure pour vous. (Buste de la très-sainte Vierge, le cœur percé de sept épées.

737. **OH ! QU'ELLE FUT TRISTE ET AFFLIGÉE.**—Tête de la très-sainte Vierge.

697 *bis*. **PUISSANCE DE LA PRIÈRE**. J'ai entendu tes cris, et j'ai tendu mes bras vers toi. — *Marie retirant un enfant des flots.*

680. **QU'ELLE SOIT VOTRE SEULE CONSOLATRICE** dans toutes vos peines.—*Jeune fille voilée dans les bras de Marie.*

795 *D*. **QU'IL VIENNE A MOI** celui qui pleure, je le consolerai. (*Buste.*)

874. **REFUGE DES PÉCHEURS.**—Le Seigneur m'a créée pour votre consolation.

988. **REINE DES MARTYRS.**—*Marie montre son cœur percé d'un glaive à de jeunes chrétiens portant leurs croix.*

795. **VENEZ A MOI ; MES BRAS VOUS SONT OUVERTS.** (*Buste.*)

750. **VOYEZ,** vous qui souffrez, **S'IL EST UNE DOULEUR QUI ÉGALE LA MIENNE!** — *Cœur de Marie percé d'un glaive.*

871. **VIENS TE REPOSER SUR SON CŒUR.**

795 *C*. **VIERGE, MÈRE DE DOULEUR,** venez partager mes douleurs.

775 *bis*. **VIERGE RÉSIGNÉE.**

Marie, mère de douleurs, consolatrice des affligés. (Suite.)

(*Série à 6 fr. le cent en noir.*)

627. **CONSOLATION DES AFFLIGÉS.** Elle essuie nos larmes. — *Marie essuyant les pleurs* d'un jeune enfant.

514. **CONSOLATRICE DES AFFLIGÉS.**

143 *B*. **DANS LA CROIX EST LE SALUT**; dans la croix est la vie. — *Sainte Marie, mère de Dieu, debout dans une croix lumineuse : sur sa tête plane le Saint-Esprit.*

522 *bis*. **MARIE, REFUGE DES AFFLIGÉS.**

601 *bis*. **MARIE SOUTIEN DE L'AME AFFLIGÉE.** — *L'âme chrétienne* remet sa croix entre les mains de Marie.

93. **MATER DOLOROSA.** — O mon fils, qui me donnera de mourir pour vous?

527. **MÈRE ADMIRABLE** dont la tendresse égale le courage. — *Marie, le cœur percé de sept glaives, contemplant la couronne d'épines.*

538. **MÈRE DES SEPT DOULEURS.** — O ma Mère ! Je veux unir mes souffrances aux vôtres ! (*Buste.*)

514 *bis.* **MÈRE DE MISÉRICORDE.**

64. **NOUS L'AVONS INVOQUÉE.**

682. **O MARIE, REINE DES ANGES,** sauvez vos enfants qui vous implorent.

519. **LE REPENTIR.** — O ma Mère ! je n'ai d'espoir qu'en vous !

63. **LA SAINTE VIERGE PRÉSENTANT A JÉSUS LES INSTRUMENTS DE SA PASSION.**—Nous vous supplions, ô Jésus ! souvenez-vous que vous avez donné votre sang pour nous racheter ; ne permettez pas que nous périssions.

49. **SALUT, O MÈRE DE MISÉRICORDE,** *notre vie, notre joie et notre espérance ;* secours des chrétiens, priez pour nous.

578. **LE SCEAU DES ÉLUS.** Ce gage d'amour adoucit toutes vos douleurs. — *Marie tenant le divin Jésus et présentant la croix à de pauvres affligés.*

510. **SECOURS DES CHRÉTIENS.** — Ma Mère, protégez-moi, je me jette en vos bras.

626. **UN ENFANT DE MARIE NE SAURAIT PÉRIR.**

— O ma Mère! Invoquez le Seigneur pour nous et sauvez-nous de la mort.

609. **VENEZ A MOI, VOUS TOUS QUI SOUFFREZ**; car moi aussi j'ai connu la douleur. — *Marie les bras ouverts, appelle à elle tous les malheureux.*

100. **VIERGE CONSOLATRICE.** — Venez tous à moi, vous qui souffrez, venez avec confiance; car moi aussi, j'ai connu la douleur.

Voir aux SUJETS A ENCADRER, les n°s 2538, 2556, 2557.

§ 13. Marie notre modèle, notre protectrice, etc.

(*Série à 8 fr. le cent en noir.*)

804. **LES DEUX SOUVENEZ-VOUS.** — Image double, d'un côté la *sainte Vierge* (au bas la prière *Souvenez-vous*); de l'autre *saint Joseph* (au bas une paraphrase de la même prière en l'honneur de ce saint.)

654. **ELLE EST LA FLEUR DES CHAMPS ET LE LIS DE LA VALLÉE.** — *Tête de Vierge.*

700. **ELLE EST MON REFUGE.** O ma Mère, recevez-moi dans vos bras. — *Une petite colombe se réfugiant sous la protection de Marie.*

735. **L'ESPRIT SAINT M'A COUVERTE DE SON OMBRE.** — *Tête de Vierge.*

794 *bis.* **JE SUIS LA SERVANTE DU SEIGNEUR.**

996. **JEUNE FILLE VOILÉE AUX PIEDS DE MARIE.** — Elle est mon soleil, elle est ma lumière.

597. **JE VEILLE SUR TOI.** — *Un enfant dans une barque, guidé par la sainte Vierge.*

741. **MARIE MÈRE DE PITIÉ.**

823. **LA SAINTE VIERGE EN PRIÈRE AVEC SAINTE ANNE.** — Sa fervente prière hâte déjà la venue du Messie.

724. **LE SEIGNEUR A REGARDÉ LA BASSESSE DE SA SERVANTE.** — *Tête de Vierge.*

722. **LE SEIGNEUR EST MON PARTAGE.** — *Sainte Vierge.* (Buste.)

739. **LE SEIGNEUR L'A CHOISIE POUR SA DEMEURE.** — *Tête de Vierge.*

Marie notre modèle, notre protectrice (Suite).

(*Série à 6 fr. le cent en noir.*)

541. *B.* **AVEC MARIE, CONSACRONS-NOUS AU SEIGNEUR !** — *Présentation de la très-sainte Vierge.*

31. **AVE MARIA.** — *Marie au ciel* dans des nuages rayonnants; au verso, une paraphrase de l'*Avé Maria* par Mgr de Nevers. (*Buste.*)

32. **AVE MARIA.** Je vous salue, Marie! — *Deux jeunes enfants déposant un lis aux pieds de Marie.*

23. **CE QUE DIEU VEUT.** — *Marie au ciel* montre une croix rayonnante. *Sur la mer un navire* agité par la tempête.

38. **COURAGE, MON ENFANT.**

143 *bis*. **DANS LA CROIX EST LE SALUT.** Dans la croix est le salut, dans la croix est la vie. — *La sainte Vierge Mère dans une croix rayonnante. Au-dessus d'elle plane le Saint-Esprit.*

60. **EMBLÈME DES VERTUS.** — O Marie, daignez les accueillir.

531. **ELLE M'A APPELÉE ET J'AI ENTENDU SA VOIX**; qui me séparera de ma divine bergère?

588. **ÉTOILE DU MATIN.**

48 *B*. **IL A FIXÉ SES REGARDS SUR MOI** à cause de l'humilité de sa servante. — *Buste de la sainte Vierge les mains jointes.*

575. **JE LUI CONFIE MON INNOCENCE.** — Enfant présentant un lis à la sainte Vierge.

98. **LA PRIÈRE A MARIE.**— *Jeune fille à genoux aux pieds d'une statue de la sainte Vierge.*

614. **L'AMOUR DE MARIE RÉCHAUFFE NOS CŒURS.** — *Un enfant réchauffe son cœur à la flamme de celui de Marie.*

513 *bis.* **MIROIR DE JUSTICE.**

525. **SAINTE MARIE.** — Il a jeté les yeux sur son humble servante, etc. (Buste.)

678. **MARIE PORTÉE SUR UN NUAGE,** laisse tomber sur la terre une ancre de salut, symbole de l'espérance. (*Fond de gravure légère faisant teinte.*)

678 *B.* **MARIE SOUTENUE PAR LES ANGES,** au milieu de guirlandes de fleurs.

7. **MARIE, TEMPLE DU SAINT-ESPRIT.** (*Buste.*)

118. **MARIE, PROTECTRICE DE LA FRANCE,** veillez sur nous.—*Vierge et enfant Jésus couronnés.*

116. **MARIE, MODÈLE D'HUMILITÉ.** (Buste.)

134. **MARIE MODÈLE DE L'AME SILENCIEUSE.** (*Buste.*)

106. **SAINTE MARIE, MÈRE DE DIEU.** — *La sainte Vierge en buste, couronnée.*

40. **O DIVINE BERGÈRE!** je veux être du nombre de vos brebis. — *Marie caressant des brebis.* (Buste.)

568. **MA MÈRE! AU CIEL EMMENEZ-MOI!**

617 *B.* **MON ENFANT, CETTE COURONNE SERA LE PRIX DES EFFORTS QUE TU FERAS** pour plaire à mon divin Fils.

550. **MÈRE DE LA DIVINE GRACE**, priez pour nous. (*Buste.*)

140 *bis*. **MON OFFRANDE A MARIE.**—*Emblème.*

82. **O MARIE, TOUCHEZ NOS CŒURS** par la puissance de vos regards. (*Buste.*)

140. **LA ROSE EST LA REINE DES FLEURS**, Marie est la reine des cœurs.—*Marie dans une rose.*

512. **REINE DES VIERGES.** (*Buste.*)

86. **ROSE MYSTIQUE.** (*Buste.*)

119. **REINE DU CIEL.**—*La reine du ciel et son divin Enfant, tous deux couronnés, assis sur un nuage.*

510. **SECOURS DES CHRÉTIENS.** (*Buste.*)

153. *F.* **LA SAINTE VIERGE ENFANT EN PRIÈRE.** (Très-petit sujet. La dentelle en forme de croix.)

512 *bis*. **VIERGE TOUTE-PUISSANTE.** (*Buste.*)

520. **VIERGE DIGNE DE LOUANGES.** (*Buste.*)

4. **VIERGE CLÉMENTE.** (*Buste.*)

29. **VIERGE FIDÈLE**, soyez la gardienne de mon cœur. (*Buste.*)

87. **VOUS ÊTES TOUTE PURE, O MARIE**, et il n'y a point de tache en vous.

586. **VIERGE TRÈS-PIEUSE.**

121. **VIERGE DES VIERGES.** (*Buste.*)

41. **VIERGE AUX FLEURS.** — Tous ceux qui auront recours à vous seront exaucés. *Je ferai pleuvoir sur eux l'abondance de mes grâces.*

Voir aux FEUILLES, les n°s 323, 324, 325, 360, 386, 391, 392, 413, 435.

Voir aux SUJETS A ENCADRER, les n°s 2749, 2529, 3000, 3003, 3016.

---

§ 14. Le saint Cœur de Marie.

(*Série à 8 fr. le cent en noir.*)

936. **QU'ON EST BIEN SUR LE CŒUR DE MARIE.** — Vivons saintement afin d'y reposer un jour.

934. **CŒURS DE MARIE ET DE JÉSUS** entourés d'une couronne d'épines. — *Vignette double.*

674. **JE ME REPOSERAI SUR SON CŒUR** et j'y goûterai la paix.

754. **LE CŒUR DE MARIE** fut percé d'un glaive de douleur. (*Buste.*)

993. **TRÈS-SAINT CŒUR DE MARIE**, refuge des pécheurs, priez pour nous.—*Marie présentant son cœur percé d'un glaive.*

994. **O MARIE, ENFLAMMEZ MON CŒUR DE L'AMOUR DIVIN QUI CONSUME LE VOTRE.** — *Jeune*

fille approchant son cœur du saint Cœur de Marie.

702. **O TRÈS-SAINTE MÈRE, OUVREZ-MOI VOTRE CŒUR,** je veux l'aimer et l'imiter.

674 *B.* **OH QU'ELLE EST BELLE MARIE !** son cœur est le temple de l'Esprit-Saint.

783. **O HOMMES, MON MARTYRE EST VOTRE OUVRAGE.** — *Marie, le cœur percé des sept glaives.*

931. **POUR VOUS LE CŒUR DE MA MÈRE** a été percé d'un glaive. — *Jésus et Marie montrent leurs cœurs.*

760 *bis.* **SAINT CŒUR DE MARIE** (*Dévotion spéciale au cœur de Marie*). — Louange aux sacrés Cœurs de Jésus et de Marie; — que le divin Cœur de Jésus et le cœur très-pur de Marie soient connus, loués, bénis, aimés, servis et toujours glorifiés ! Ainsi soit-il. — *Indulgence plénière à l'heure de la mort et le 25 août à ceux qui réciteront cette prière tous les jours, et 60 jours d'indulgence chaque fois qu'on la dira.*

750. **SAINT CŒUR DE MARIE**, ressource des âmes affligées. —Voyez, vous qui souffrez, s'il est une douleur qui égale la mienne.

787 *B.* **TRÈS-SAINT CŒUR DE MARIE**, Cœur très-semblable au cœur de Jésus, priez pour nous.

795 *C.* **VENEZ PARTAGER MES DOULEURS.**

871. **VIENS TE REPOSER SUR SON CŒUR.** — Jésus dans les bras de Marie invite l'âme fidèle.

Le saint Cœur de Marie. (Suite.)

(Série à 6 fr. le cent en noir.)

529 *B*. **A VOTRE CŒUR LE MIEN SE DONNE.** — O ma Mère, que je vous aime!

527. **CŒUR DE MARIE** percé des sept glaives. — *Voici votre mère.*

1. **CŒUR DE MARIE.** — La gloire de la fille du Roi est tout intérieure : mon cœur est ravi de joie en Dieu mon Sauveur.

31. **CŒUR DE MARIE.** — *Ave Maria :* je vous salue Marie, vous dont le Cœur saint et immaculé est l'asile des âmes pures, le refuge du pécheur, la consolation des affligés, l'espérance de tous les chrétiens et le salut de tous les fidèles : je vous salue.

516 *bis*. **CŒUR DE MARIE.** Elle est belle dans le firmament, elle resplendit avec éclat dans le ciel ; — Le Seigneur a mis en moi les trésors de sa grâce, afin que j'enrichisse ceux qui m'aiment.

132. **SAINT CŒUR DE MARIE.** (Buste.)

614. **SAINT CŒUR DE MARIE.** — L'amour de Marie réchauffe nos cœurs.

613. **MA MÈRE, OUVREZ-MOI VOTRE CŒUR** que j'y

puise courage et consolation. — *Enfant couronné d'épines et contemplant le cœur de Marie.*

541 *C.* **VIERGE MONTRANT SON CŒUR.** — Mon cœur est un foyer de tendresse et de miséricorde ; venez à moi, vous que Jésus m'a donnés pour enfants.

Voir aux FEUILLES, les nos 357, 358, 398.

Voir aux SUJETS A ENCADRER, les nos 2500, 2530, 3005.

---

§ 15. Les saints Anges.

(Série à 8 fr. le cent en noir.)

698. **LE SEIGNEUR L'A CONFIÉ A MES SOINS, LE MAL NE L'ATTEINDRA PAS.** — *Ange gardien apprenant à un jeune enfant à prier.*

582. **VOILA VOTRE MÈRE !**—*Un ange conduisant une jeune fille vers la sainte Vierge.*

853. **VOILA TA GARDIENNE.**—*Un ange conduisant un jeune homme vers la sainte Vierge.*

968. **VOUS NE RESTEREZ PAS ORPHELINS.**—*Un ange protégeant deux enfants qui prient sur une tombe.*

953. **MERCI, MERCI, MON DIEU !** car vous m'avez envoyé un ange pour me conduire auprès de vous. — *Ange délivrant une âme du purgatoire.*

565. **MON BON ANGE, NE M'ABANDONNEZ PAS!** — *Groupe mi-corps.*

770. **DIEU A COMMANDÉ A SES ANGES** de te garder dans toutes les voies. — *Ange gardien soutenant sur son bras un jeune enfant paisiblement endormi.*

Les saints Anges (Suite).

(Série à 6 fr. le cent en noir.)

663. **CHERS ENFANTS** que le Seigneur a confiés à ma garde, aimez-le bien. — *Ange gardien abritant deux enfants sous ses ailes.*

533. **ANGE CONDUCTEUR.** — La crainte du Seigneur est le commencement de la sagesse.

115. **SAINTS ANGES,** en présence de l'adorable Trinité et de Marie votre souveraine, je me dévoue et me consacre à votre culte.

12. **LE GUIDE FIDÈLE.** — *L'ange gardien conduit le chrétien vers Marie.*

99. **LES ANGES GARDIENS.** — Que de fois ils sauvèrent ma robe d'innocence et apaisèrent mes pleurs! *Près du berceau d'un enfant son ange gardien et sa mère.*

37. **AME CHÉRIE, MARCHE AVEC COURAGE, JE SUIS LA.** — *L'ange gardien, la croix à la main, guide un petit pèlerin.*

53 *B*. **L'ANGE GABRIEL.**— Je vous salue, Marie, pleine de grâces. (*Buste.*)

Voir aux FEUILLES, les n°s 310, 347, 418.

Voir aux SUJETS A ENCADRER, le n° 2535.

---

§ 16. Saint Joseph.

(*Série à 8 fr. le cent en noir.*)

794. **CES TROIS CŒURS N'EN FONT QU'UN.**—*Jésus, Marie, Joseph.*

882. **DÉTACHEZ UNE FLEUR** de ce beau lis ; qu'elle prenne racine et fleurisse en mon âme. — *Pèlerin prenant une fleur du lis de saint Joseph.*

922. **LE DIVIN EXILÉ.**—*Joseph protégeant la fuite de Marie et du saint Enfant Jésus.*

917. **FUITE EN ÉGYPTE.**—Avec Jésus l'exil est doux.

926. **GLOIRE A DIEU QUI NOUS DONNE SON FILS !** —*Joseph et Marie prosternés devant Jésus naissant.*

902. **IL N'Y AVAIT PAS DE PLACE POUR EUX DANS L'HOTELLERIE.** — *Saint Joseph et la sainte Vierge arrivant à Bethléem.*

833. **JOSEPH ET MARIE** guident les pas de Jésus enfant.

881. **METS CE LIS SUR TON CŒUR.**—*Jésus dans les bras de saint Joseph donne une fleur de son lis à un pèlerin.*

856. **MORT DE S. JOSEPH.** L'âme du juste est dans la main de Dieu.

572. **SAINTE FAMILLE.** — Puisse-t-elle être l'image des nôtres !

796. **SAINT JOSEPH** avec l'Enfant Jésus.—Jésus l'a établi le protecteur de la jeunesse.

765. **SAINT JOSEPH** avec l'Enfant Jésus. — *Fidelis servus et prudens, quem constituit Dominus suus super familiam suam, ut det illis cibum in tempore.*

804. **SAINT JOSEPH ET LE DIVIN ENFANT**, avec le *Souvenez-vous* à saint Joseph. — *Au verso*, la sainte Vierge avec le *Souvenez-vous*.

895. **SAINT JOSEPH ET LA SAINTE VIERGE** reçoivent au ciel une jeune âme.

785. **SAINT JOSEPH** portant l'Enfant Jésus. — *Allez à Joseph et faites tout ce qu'il vous dira.*

573 *B*. — **S. JOSEPH**, protecteur de l'innocence. — Comme le divin Jésus, portez-moi dans vos bras. (*Buste.*)

918. **TOUT POUR LA PLUS GRANDE GLOIRE DE DIEU.** — *Joseph et Marie retrouvant Jésus dans le temple.*

924. **LE REPOS DANS LE DÉSERT.** — *Saint Joseph offrant des fruits à l'Enfant Jésus.*

Saint Joseph (Suite).

(Série à 6 fr. le cent en noir.)

73. **GRAND SAINT JOSEPH**, soyez mon guide, mon père, mon protecteur. — *Buste de saint Joseph tenant l'enfant Jésus dans ses bras.*

61. **INTÉRIEUR DE NAZARETH.**—*Joseph lit les Saintes Ecritures et le divin Enfant caresse une brebis.*

42 et 42 *B*. **IL LEUR ÉTAIT SOUMIS.** —*Saint Joseph et la sainte Vierge contemplent Jésus qui travaille.*

637. **J'AI ÉTÉ LIVRÉ AU TRAVAIL DÈS L'ENFANCE.** — Saint Joseph travaillant avec le divin Enfant.

558. **NAISSANCE DE JÉSUS.** — Marie et Joseph l'adorent.

535. **SAINT JOSEPH** portant l'Enfant Jésus. (*En pied.*)

43. **SAINT JOSEPH** travaillant avec l'Enfant Jésus. « Le travail du juste ne sera pas sans récompense devant » Dieu. » (*Mi-corps.*)

133. **SAINT JOSEPH** écoutant en travaillant les sages discours de l'Enfant Jésus.

47. **SAINT JOSEPH** en pied portant l'Enfant Jésus. —*Paraphrase du Souvenez-vous en l'honneur de saint Joseph.*

6. **SAINT JOSEPH.** (Buste.)

113. **SAINT JOSEPH,** obtenez-nous toutes les faveurs du divin Jésus.

Voir aux FEUILLES, le n°339.

Voir aux SUJETS A ENCADRER, les n°s 2528, 2545, 3011, 312.

---

§ 17. Les gloires de la cour céleste. — Saints et Saintes.

(*Série à 8 fr. le cent en noir.*)

705 B. **ALPHONSE RODRIGUEZ,** de la C. de Jésus. (Fête le 23 octobre). (Buste.)

560. **SAINTE ANNE** *instruisant la sainte Vierge.*— O l'heureuse mère, ô la sainte enfant !

689. **SAINT AUGUSTIN,** docteur de l'Eglise (Buste).

688. **SAINT BENOIT** , patriarche des moines d'Occident. (*Buste.*)

718. **SAINT BERNARD.** (Buste.)

587. **SAINT BERNARD.** (En pied.)

673. B. André **BOBOLA**, de la C. de Jésus, martyrisé en Pologne, le 16 mai 1657; béatifié le 30 octobre 1853. (Buste.)

691. **SAINTE J. F. DE CHANTAL**, fondatrice de l'Ordre de la Visitation. (Buste.)

573. **SAINT CHARLES BORROMÉE.** (Buste.)

711 B. **PIERRE CLAVER**, de la C. de Jésus. (Fête le 9 septembre.) (Buste.)

767. **SAINTE ÉLIZABETH**, *soignant les malades.* — Ce que vous ferez pour l'un de ces petits sera fait à moi-même.

861. **SAINT EUVERTE.** (En pied.)

709. **SAINT FRANÇOIS DE BORGIA**, de la C. de Jésus. (Fête le 10 octobre.) (Buste.)

710. **SAINT FRANÇOIS DE HIERONIMO**, de la C. de Jésus. (Fête le 9 septembre.) (Buste.)

706. **S. FRANÇOIS RÉGIS**, de la C. de Jésus. (Buste.)

692. **SAINT FRANÇOIS DE SALES**, évêque de Genève. (Buste).

598 *B.* **SAINT FRANÇOIS DE SALES.** (Buste.)

714. **SAINT FRANÇOIS XAVIER**, apôtre des Indes, de la C. de Jésus. (Fête le 3 décembre.) (Buste.)

812. **SAINTE FLAVIENNE** (Châsse de).

623. **SAINTE GENEVIÈVE**, patronne de Paris. (En pied.)

621. **SAINT IGNACE.** (En pied.)

712. **SAINT IGNACE DE LOYOLA,** fondateur de la C. de Jésus. (Fête le 31 juillet). (Buste.)

862. **SANTIAGO** *di Compostella.* (En pied.)

676. *B.* **SAINT JEAN-BAPTISTE.** (En pied.)—C'est de lui qu'il est écrit : Voici que j'envoie mon ange ; il nous préparera les voies.

673 *bis.* Bienheureux **JEAN DE BRITTO,** de la C. de Jésus, martyrisé au Marava, le 3 février 1693. (Buste.)

820. **SAINT JEAN L'ÉVANGÉLISTE.**— Il reposa sur le cœur de son Maître.

559. **SAINT LOUIS** *tenant en ses mains la sainte couronne d'épines.* (Buste.)

686. **LE V. J.-B. DE LA SALLE,** *fondateur des Ecoles chrétiennes.* (Buste.)

840. **SAINT LOUIS DE GONZAGUE.**

695. **SAINT LOUIS DE GONZAGUE,** de la C. de Jésus. (Buste.)

713. **SAINT LOUIS DE GONZAGUE,** de la C. de Jésus. (Fête le 21 juin.) (Buste.)

704. **LE LIS DE QUITO.** — *Marie-Anne de Paredes y flores,* béatifiée le 20 novembre 1853. (Buste.)

773. **SAINTE MADELEINE** *répandant des parfums sur les pieds de Jésus.* — Beaucoup de péchés lui seront remis parce qu'elle a beaucoup aimé.

848. **SAINT MATHIEU** (Vocation de).

644. **SAINT PATRICK**, pray for us. — *Erin go bragh.*

707. **SAINT PAUL, JEAN ET JACQUES**, de la C. de Jésus, martyrs. (Fête le 5 février.) (Bustes.)

708. **S. STANISLAS KOTSKA**, de la C. de Jésus. (Buste.)

687. **SAINT STANISLAS KOTSKA**, de la C. de Jésus. (Buste.)

742. **SAINT VICTOR**, martyr à Rome. — Son corps repose dans la chapelle des Dames de Saint-Joseph à la Guadeloupe. (Châsse.)

693. **SAINT VINCENT DE PAUL**, fondateur des Prêtres de la Mission et des Filles de Charité. (Buste.)

598. **SAINT VINCENT DE PAUL**, *avec un enfant dans les bras.* — (Mi-corps.)

779. **SAINT VINCENT DE PAUL** donnant la règle aux Lazaristes.

793. **SAINT VINCENT DE PAUL DONNANT LA RÈGLE** aux Filles de la Charité. — Ou garder nos saintes règles, ou mourir. — Si vous êtes fidèle, toutes les bénédictions du ciel se répandront sur vous.

860. **S^e WINEFRIDE.** (En pied.) — Texte anglais.

Les gloires de la cour céleste. — Saints et saintes. (Suite.)

(Série à 6 fr. le cent en noir.)

1206. SAINTE AGATHE. (Buste.)

1213. SAINTE AGNÈS. (Buste.)

509. SAINT ALPHONSE DE LIGUORI. (Buste.)

567. SAINT ANTOINE DE PADOUE. (En pied.)

536. SAINT AUGUSTIN *(don d'intelligence)*. (Buste.)

670. V. BENOIST-JOSEPH LABRE. — Il priait jour et nuit dans les temples où le T.-S. Sacrement était exposé à la vénération.

566. SAINTE BRIGITTE. (En pied.)

1207. SAINTE CATHERINE. (Buste.)

1212. SAINTE CATHERINE DE SIENNE. (Buste.)

569. SAINT CHARLES BORROMÉE. (En pied.)

629. SAINT CHARLES BORROMÉE. (En pied.)

1208. SAINTE CLAIRE. (Buste.)

576. Se CLOTILDE. (Reine en pied sans titre au bas.)

579. SAINT DOMINIQUE. (En pied.)

67. SAINT DOMINIQUE. (Buste.)

1211. SAINTE ELISABETH. (Buste.)

1204. **SAINTE EULALIE.** (Buste.)

570. **SAINT FRANÇOIS D'ASSISE.** (En pied.)

77. **SAINT FRANÇOIS D'ASSISE.** (Buste.)

599 *B*. **SAINT FRANÇOIS XAVIER.** (Buste.)

9. **S. FRANÇOIS DE SALES.**—*Don de conseil.* (Buste.)

97. **SAINT FRANÇOIS XAVIER.** (Buste.)

53. **SAINT GABRIEL,** Ange. — (Buste.)

45. **SAINTE GENEVIÈVE.** (Buste.)

1200. **SAINTE GERTRUDE.** (Buste.)

1202. **SAINTE HÉLÈNE.** (Buste.)

599. **SAINT IGNACE DE LOYOLA.** (Buste.)

605. **SAINT JEAN BAPTISTE.** (En pied.)

1209. **SAINTE JEANNE.** (Buste.)

562. **SAINT LOUIS** (en pied), portant la sainte couronne d'épines.

10. **SAINT LOUIS DE GONZAGUE.** (Buste.)

1203. **SAINTE MARGUERITE.** (Buste.)

612. **SAINTE MARTHE.** Jésus chez Marthe et Marie. — Marie a choisi la meilleure place.

509 *B*. **SAINTE MADELEINE.**

508 *B*. **SAINT PAUL.** — Qui me séparera de la charité de Jésus? (Buste.)

5. **SAINTE PHILOMÈNE**, priez pour nous. (Buste.)

690. V. Père **PERBOIRE**, martyrisé en Chine. (Buste.)

630. **SAINTE PHILOMÈNE**. (En pied.)

508. **SAINT PIERRE**. (Buste.) — Seigneur, vous savez que je vous aime !

25. **SAINT ROCH**. — Grand saint, préservez-nous du choléra. (En pied.)

1210. **SAINTE ROSE**. (Buste.)

1201. **SAINTE SCHOLASTIQUE**. (Buste.)

11. **SAINT STANISLAS KOTSKA**. (Buste.)

555. **SAINT SULPICE**. (En pied.)

76. **SAINTE THÉRÈSE**. (Buste.)

534. **SAINTE THÉRÈSE**. (En pied.)

1205. **SAINTE THÉRÈSE**. (Buste.)

68. **SAINT THOMAS D'AQUIN**. (Buste.)

1215. **SAINTE URSULE**. (Buste.)

1214. **SAINTE VÉRONIQUE**. (Buste.)

8. **SAINT VINCENT DE PAUL**. (Buste.)

117. **SAINT VINCENT DE PAUL** tenant une bourse de quêteur. (En pied.)

202. **SAINT YVES**. (Buste en chromo.)

961. **LA BIENHEUREUSE MARIE-MARGUERITE DES ANGES**. — (Buste).

Voir aux FEUILLES, les nos 313, 314, 316, 317, 329, 332, 363, 362, 366, 370, 384, 287, 404, 405, 415, 420, 406, 417, 424, 425.

Voir aux SUJETS A ENCADRER, les nos 2536, 2539, 2543, 2550, 5235, 2555, 3007.

---

§ 18. Saint Rosaire. Saints Scapulaires.

(*Série à 8 fr. le cent en noir.*)

625. **HOMMAGE A JÉSUS PAR MARIE.**—*Enfant offrant une couronne et un chapelet.*

801. **N.-D. DU SAINT ROSAIRE.** — Que de périls évités, que de grâces obtenues! — (*Mi-corps.*)

869. **O MARIE, REVÊTEZ-MOI DE VOS VERTUS.** — *Enfant recevant de Marie le saint Scapulaire.*

801 *C.* **SAINT SCAPULAIRE DE L'IMMACULÉE CONCEPTION.** — Sa couleur d'azur dit quelle doit être la pureté de l'enfant de Marie.

801 *D.* **N.-D. DU MONT-CARMEL.**—Celui qui mourra revêtu de ce scapulaire ne souffrira pas les flammes de l'enfer. (*Paroles de Marie à saint Simon Stock.*)

807. *D.* Seigneur, donnez-moi ce **VÊTEMENT DE SALUT** pour me servir de bouclier.— (*Un enfant reçoit le saint Scapulaire des mains de Jésus.*)

Saint Rosaire. Saints Scapulaires.

(Suite.)

(*Série à 6 fr. le cent en noir.*)

130. N.-D. DU SCAPULAIRE.

521. N.-D. DU SAINT ROSAIRE.

521 *bis*. N.-D. DU SAINT SCAPULAIRE.

20. SAINTE PASSION DE N. S. J.-C., sauvez-nous. — (Emblème du Scapulaire de la passion.)

626. UN ENFANT DE MARIE NE SAURAIT PÉRIR. — *Jésus retirant un enfant d'un précipice à l'aide du saint Scapulaire.*

591. VIERGE AU ROSAIRE.

Voir aux FEUILLES, les nos 419, 421, 426.
Voir aux SCAPULAIRES imprimés sur calicot.

---

§ 19. Sanctuaires, Pèlerinages, Madones.

(*Série à 8 fr. le cent en noir.*)

893. MIRACOLOSA EFFIGIE della SS. Vergine, principal Patrona della citta DI LUCERA.

979. **N.-D. DE BON SECOURS DE GUINGAMP.**

668. **N.-D. DE BOULOGNE.**—*La sainte Vierge, tenant l'enfant Jésus, au milieu d'une barque conduite par des anges :* les vents et la mer lui obéissent.

908. **N.-D. DE BOULOGNE-SUR-MER.**

755. **N.-D. DE GRACE.** — *Vierge couronnée tenant l'enfant Jésus.*

982. **NOTRE-DAME DE ROMIGIER.**

717. **N.-D. DE LA SALETTE** : annoncez ce que vous avez vu.

897. *Vierge immaculée réconciliatrice des pécheurs avec Dieu.* (**N.-D. DE LA SALETTE.**)

846. **N.-D. DE LA SERRÉE**, priez pour nous. Si le bois vert est ainsi traité, à quoi doit s'attendre le bois sec? (*Luc*, XXIII, 31.)

980. **NOTRE-DAME DE TALENCE.**

896. **N.-D. DES VICTOIRES.**—Madone de l'Archiconfrérie du très-saint et immaculé Cœur de Marie, couronnée par Mgr Pacca, le 9 juillet 1853.

819. **N.-D. DES VICTOIRES.** — Pauvres pécheurs, venez : voici votre refuge !

635. **N.-D. DES VICTOIRES.** — Madone de l'Archiconfrérie du très-saint et immaculé Cœur de Marie, couronnée par Mgr Pacca, le 9 juillet 1853.

Sanctuaires, Pèlerinages, Madones (Suite).

(Série à 6 fr. le cent en noir.)

78. **L'IMMACULÉE CONCEPTION A SAINT-SULPICE** (*chapelle de*).

80. **CHAPELLE DE RIMINI.**

72. **MADONE DE RIMINI** (*carrée*). — Mère de miséricorde, priez pour nous. (Cette image est la copie authentique du tableau de la sainte Vierge, appartenant à l'église de Sainte-Claire, à Rimini, dont on a vu les yeux se mouvoir en mai et juin 1850.)

70. **MADONE DE RIMINI** (*ovale*). — Mère de miséricorde, laissez tomber sur nous un de vos puissants regards.

49. **NOTRE-DAME AUXILIATRICE.**

141 *B.* **N.-D. DE BONNE DÉLIVRANCE.** — Qui l'a jamais invoquée sans éprouver les effets de sa puissance!

141. **N.-D. DE BON SECOURS** (*chapelle*). — Groupe de pèlerins et de femmes invoquant Marie; du cœur et des mains de Marie partent des rayons qui tombent sur ceux qui sont en prière.

503. **N.-D. DE CHARTRES.**

537. **NOTRE-DAME DE LA COMPASSION.**

83. **N.-D. D'EINSIEDELN.** — Guérison complète de

Françoise Petitot, opérée le 19 mai 1850, dans la chapelle de *N. D. des Ermites*, à Einsiedeln, en Suisse.

58. *Jeune mère offrant son enfant à* **N.-D. D'ESPÉRANCE** — O Mère de Jésus! recevez mon enfant.

95. **N.-D. DE LA SAINTE ESPÉRANCE.** — Archiconfrérie de l'immaculée Vierge de la Sainte-Espérance, érigée en l'église Saint-Séverin, à Paris, par un bref de N. S. P. le pape Pie IX, en date du 16 novembre 1849.

631. **N.-D. DE FOURVIÈRES.** — *Petite statue de l'Immaculée Conception.*

24. **N.-D. DE FOURVIÈRES** (*chapelle*).—Elle prête son secours à tous ceux qui l'implorent dans leurs dangers.

532. **N.-D. DE GRACE.** — *Saint Vincent de Paul y célèbre sa première messe.*

164. **N.-D, DE LIESSE** (*chapelle*). — Gravure sur cuivre; haut. 0,31, larg. 0,22.

119. **N.-D. DE LIESSE**, avec Enfant Jésus, couronné. (*En pied.*)

120. **N.-D. DE LIESSE** (*chapelle de*). — A votre puissante intercession nous devons toutes nos joies.

91. **N.-D. DE LA PAIX** (*statue de*). — Sauvez notre chère patrie! ô Marie!

594. **N.-D. DE ROCAMADOUR, PRIEZ POUR NOUS.**— — Statue couronnée le 8 septembre 1853.

521. **NOTRE-DAME DU SAINT ROSAIRE.**

114. **N.-D. DE LA SALETTE.**

521 *B*. **NOTRE-DAME DU SAINT SCAPULAIRE.**

130. **NOTRE-DAME DU SCAPULAIRE.**

681. **N.-D. DE LA TREILLE.**

138 *B*. **N.-D. DES VICTOIRES** (*chapelle*). — Ce n'est jamais en vain qu'on l'a invoquée. *Sujet emblématique.*

36. **N.-D. DES VICTOIRES.** — Madone de l'Archiconfrérie du très-saint et immaculé Cœur de Marie, couronnée le 9 juillet 1853.

82. **VIERGE DE SAN GINESIO.** — *Vierge miraculeuse de San Ginesio.* — O Marie ! touchez nos cœurs par la puissance de vos regards.

Voir aux FEUILLES, les nos 321 et 322.

Voir aux SUJETS A ENCADRER, le n° 2551.

---

§ 20. Personnages célèbres par leur piété. (Portraits.)

(*Série à 8 fr. le cent en noir.*)

LE R. P. DE RAVIGNAN, de la C. de Jésus.

694. **Mlle LEGRAS**, fondatrice des Filles de la Charité, conjointement avec saint Vincent de Paul. (*Buste.*)

803. **SŒUR ROSALIE.** — Dieu et les pauvres. (Fille de la Charité de Saint-Vincent de Paul.)

845. **Mgr D. A. SIBOUR**, archevêque de Paris.

Voir aux SUJETS A ENCADRER, les nos 2506, 2507, 2508, 2523, 3017.

Personnages célèbres par leur piété. (Portraits.) (Suite).

(*Série à 6 fr. le cent en noir.*)

15. **Mgr AFFRE SUR LA BARRICADE**, martyr de sa charité, le 27 juin 1848.

16. **Mgr AFFRE**, *au pied de la croix.*

17. **Mgr AFFRE**, *sur son lit de mort.*

18. **Mgr AFFRE**, *mort, sur son lit de parade.*

526. **M. COLIN**, curé de Saint-Sulpice.

71. **PORTRAIT DE N. S. P. PIE IX.** (Buste.)

19. **N. S. P. LE PAPE PIE IX.** (Buste).

122. **PIE IX.** — Né le 13 mai 1792; élu pape le 16 juin 1846. — Souvenir du jubilé.

501. **N. S. P. LE PAPE PIE IX.** — (Jubilé.) — Le S. P. répandant sur l'univers les grâces du jubilé.

21. **SŒUR ROSALIE.** 24 juin 1848. — « Crois-tu que j'aie peur de ta baïonnette? Je ne crains que Dieu. — C'est ici la maison du Seigneur, vous ne la souillerez pas par un crime. »

---

§ 21. Ordres religieux.

(*Série à* 8 *fr. le cent en noir.*)

703. **AUGUSTINE DE SAINTE-MARIE DE PARIS** (Religieuse).

898. **SAINTE-ANNE DE LA PROVIDENCE DE SAUMUR** (Sœur de).

768. **BON-SECOURS DE TROYES** (Sœur de S.-Merry du).

641. **CHARITÉ DE SAINT-VINCENT DE PAUL** (*Sœur de*).—Dieu et les pauvres. — Aimer Jésus fait toute ma joie, servir les pauvres tout mon bonheur.

801 *B*. **CHARITÉ DE SAINT VINCENT DE PAUL** (*Novice des Sœurs de*). Apparition de la médaille de l'Immaculée Conception.

802. **CHARITÉ DE LA PRÉSENTATION** (Sœur de).

786. **CHARITÉ DE LA ROCHE** sous la protection de saint Vincent de Paul (*Sœur de la*). (Buste.)

894. **CHARITÉ DE LA ROCHE** (*Sœur de la*) **SOUS LA**

PROTECTION DE SAINT VINCENT DE PAUL soignant un malade.

892. **ESPÉRANCE** soignant un malade (*Sœur de l'*).

927. **HEUREUX CELUI EN QUI LA FOI OPÈRE.** — Martyr missionnaire et Sœur de charité.

805. **IMMACULÉE CONCEPTION DE BORDEAUX** (Religieuse de l').

981. **IMMACULÉE CONCEPTION DE NIORT** (Religieuses de la Congrégation de l'.)

746. **SAINT JOSEPH DE CLUNY** (Sœur de).

624. **MISSIONNAIRE** (*Départ d'un.*) — Adieux d'un missionnaire à sa famille et à ses amis. — Au ciel, N. S. étend sur lui sa main pour le bénir.

672. **SAINT-PAUL DE CHARTRES** (Sœur de).

952. **PROVIDENCE D'ÉVREUX** (Sœur de la).

PRÊTRE (Grandes époques de la vie du).

748 Tonsure.
748 *B*. Ordres mineurs.
748 *C*. Sous-diaconat.
748 *D*. Diaconat.
748 *E*. Prêtrise.
748 *F*. Première messe.
748 *G*. Baptême.
748 *H*. Première communion.
748 *I*. Confirmation.
748 *J*. Extrême-Onction.

743. **PROVIDENCE DE RUILLÉ-SUR-LOIR** (Sœurs de la).

763. **RÉPARATRICE** (Religieuse).

933. **SAINT-THOMAS DE VILLENEUVE** (Sœurs de). — Costume d'emploi.

532. La même. — Costume de chœur.

Ordres religieux (Suite).

(*Série à 6 fr. le cent en noir.*)

26. **ADORATION DE LA CROIX.** — *Emblème du scapulaire de la passion.* — Jésus crucifié ; au-dessus de sa tête les deux cœurs de Jésus et de Marie. — Au bas, groupe de **LAZARISTES** et de **SŒURS DE CHARITÉ.**

26. **CHARITÉ DE SAINT VINCENT DE PAUL** (Jésus reçoit au ciel les âmes des Sœurs de).

402. **CHARITÉ DE SAINT VINCENT DE PAUL** *dans leurs principaux offices* (Sœurs de).

144. **CHARITÉ DE NEVERS** (Sœurs de la) Enseignante.

144 *B.* — — Pharmacienne des pauv.

144 *C.* — — Hospitalière.

144 *D.* — — Consolatrice.

154. **HOSPITALIÈRES DE SAINT THOMAS DE VILLENEUVE.**

154 B. — — Institutrice.

154 *C.* — Pharmacienne des pauvres.

154 *D.* — Mère des enfants pauvres.

85. **MISSIONNAIRE** (Adieux d'un).

530. **PROVIDENCE DE PORCIEUX** (Sœurs de la), instruisant des enfants.

530. La même, en buste.

74. **PRÊTRISE.** (Cachet d'ordination.)

564. **LES VŒUX MONASTIQUES.** (Emblème.)

Voir aux FEUILLES, les nos 402, 422.

Voir au CHAPITRE II, *Vignettes fines*, le n° 1508, Souvenir de retraites ecclésiastiques.

---

§ 22. Souvenirs mortuaires.

(*Série à 8 fr. le cent en noir.*)

947. **DANS MA DOULEUR** j'ai levé les yeux vers vous, ô Marie. — *Marie consolant une mère qui pleure sur un berceau vide.*

799. **LE DIVIN MOISSONNEUR.** — Heureuse l'âme

que le Seigneur moissonne dans sa miséricorde et son amour.

769 *C*. En toutes choses j'ai vu **VANITÉ ET AFFLICTION.**

551. **HEUREUSE L'AME QUI S'ENDORT DANS LA PAIX DU SEIGNEUR** sous la protection de Marie. — *Enfant couché, une croix sur la poitrine, sur un lit de roses, dans une barque; au ciel, l'étoile de Marie.*

769. **IL EST UN TEMPS DE NAITRE ET UN TEMPS DE MOURIR.** — *Un enfant à genoux près d'une tombe, une colombe s'envole au ciel.*

799 *B*. **JE LA SÉPARERAI DU MONDE POUR EN FAIRE MA COMPAGNE FIDÈLE.** — Notre Seigneur Jésus-Christ cueillant une fleur.

781. **JE L'AI CHOISIE ENTRE TOUTES.** — *Notre Seigneur Jésus-Christ cueille une fleur.*

839. **JE LES CONSOLERAI MOI-MÊME DANS LEUR AFFLICTION.** — *Jésus reçoit au ciel l'âme d'une fidèle défunte.*

792. **JÉSUS RECEVANT UN JEUNE ENFANT, QUI TIENT UN LIS A LA MAIN.** — Mourir avant d'avoir connu le péché.

554. **LA MORT DU JUSTE** est précieuse devant le Seigneur. — *Notre Seigneur recevant au ciel une âme que lui présente un ange tenant un livre ouvert à la main.*

856. **MORT DE SAINT JOSEPH.** — L'âme du juste est dans la main de Dieu.

895. **LE PRIX DE L'INNOCENCE.**— Ne pleurez pas sur moi, je n'ai quitté la terre, que pour voler au ciel dans les bras de ma mère ! — *Mort de l'enfant de Marie.*

813. **PENSEZ-Y BIEN.** — Les quatre fins de l'homme.

781 *B*. **JÉSUS ACCUEILLANT EN SON SEIN UNE AME QUI LE PRIE.** — Seigneur, Seigneur ! ouvrez-moi vos bras.

769 *B*. **TOUT A SON TEMPS ET TOUT PASSE SUR LA TERRE.** — *Un enfant appuyé sur une croix assis au bord d'un ruisseau, des fleurs tombent de ses mains.*

646. **UN ANGE DE PLUS AU CIEL.** — Une jeune mère agenouillée au pied du berceau de son enfant qui vient d'expirer. — Deux anges emportent cet enfant qui de son doigt montre le ciel à sa mère.

769 *D*. **VANITÉ DES VANITÉS.** — *Un enfant appuyé sur des ruines, lance en l'air des bulles de savon.*

968. **VOUS NE RESTEREZ PAS ORPHELINS.** — Un ange protégeant deux enfants qui prient sur le tombeau de leur mère.

Voir aux FEUILLES, les n°s 327, 403 et 440.

NOTA. — Nous n'indiquons ici que les sujets exclusivement destinés aux souvenirs mortuaires, mais l'on pourra trouver dans nos autres collections grand nombre de vignettes ou de feuilles qui pourraient y être employés.

Souvenirs mortuaires (Suite).

(Série à 6 fr. le cent en noir.)

101. **BÉNÉDICTION D'UNE MÈRE.** — *Un jeune enfant prie sur une tombe; au ciel, sa mère intercède auprès de Jésus qui bénit l'enfant.*

13. **LE DIVIN JARDINIER.** — *Jésus cueillant une fleur.* — Le Seigneur l'a arrachée de cette terre d'exil pour la placer dans les demeures éternelles.

504. **ÉVANGILE DU IVe DIMANCHE DE L'AVENT.** — *Prédiction du jugement dernier.*

152 *B. C. D.* **EMBLÈMES SUR LA MORT.** — *4 sujets.*

103. **FLEURS DE LA TERRE.** — *Enfant cueillant des fleurs qu'il présente à Marie.*—J'ai respiré le parfum de leurs vertus et je les ai attirées à moi pour en former la cour de ma mère.

22. **IL N'EST PLUS ICI.** — *Les saintes Femmes au tombeau de Jésus-Christ.*

52. **JE SERAI MOI-MÊME VOTRE RÉCOMPENSE.** — Celui qui a tout quitté pour Dieu voit avec joie approcher le moment où il va recevoir la couronne qui lui

est destinée. — *L'enfant Jésus sur un nuage montre à une malade sa couronne d'épines.*

Voir aux FEUILLES, les nos 327, 403, 440, 434.

§ 23. Sujets divers et Emblèmes.

(Série à 8 fr. le cent en noir.)

863. **LA TRÈS-SAINTE TRINITÉ.** — Gloire au Père, au Fils et au Saint-Esprit.

Sujets divers. — Emblèmes.

(Série à 6 fr. le cent en noir.)

35. **ANGELUS.** — La cloche sonne ; des moissonneurs sont agenouillés et prient.

557. **APRÈS LE TRAVAIL.** — *Des moissonneurs viennent déposer des couronnes de fleurs au pied d'un crucifix.*

136. **ARCHICONFRÉRIE** réparatrice du blasphème et de la violation du dimanche. — (*Les saints Patrons.*)

127. **BÉNÉDICTION DES TRAVAUX DES CHAMPS.** — A la voix de son ministre, Jésus, du haut du ciel bénit les travaux des champs.

34. **LE CHAPELET.** — *Une mère faisant dire le chapelet à deux petits enfants.*

108. **CROIS-TU ; CROIS-TU?** — *Guérison miraculeuse d'un élève du grand-séminaire de Versailles devenu aveugle.*

137. **ECHELLE MYSTIQUE** entre la terre et le ciel. Marie ; au-dessus Jésus, en croix ; au-dessus, la gloire de Dieu.

500. **JUBILÉ** (Souvenir du).

500 *B*. **JUBILÉ** (Souvenir du).

128. **ORATIO SICUT INCENSUM.**— La prière du juste ouvre le ciel. (*Emblème.*)

89. **ŒUVRES DE MISÉRICORDE.**

33. **PATER.** — *Deux jeunes enfants à genoux récitant le* Pater.

84. **LES VERTUS THÉOLOGALES.**

651. *Un palmier, au-dessus duquel plane le Saint-Esprit. — La sainte Vierge tenant l'enfant Jésus, est placée au milieu de la tige.* — J'aime à goûter sous son ombrage, de son fruit bienfaisant le merveilleux breuvage.

Voir aux SUJETS A ENCADRER, le n° 2535.

CHAPITRE II.

VIGNETTES FINES

AVEC FILETS OR, FORME CARRÉ-LONG.

Ces vignettes forment une collection *nouvelle*, dans laquelle nous nous proposons de faire paraître une suite de *sujets choisis* qui porteront au verso de *belles et longues prières* et seront destinés aux Communautés et aux Catéchismes de persévérance.

En vignettes	noir avec filets or . . .	le cent.	10	»
—	coloris soigné avec filets or	—	30	»
—	sur chine.	—	12	»
En dentelles	noir avec filets or .	la douzaine,	2	»
—	coloris soigné avec filets or	—	4	»

1500. **ACCOUREZ A JOSEPH.** — Par Joseph vous arriverez à Jésus. — *Saint Joseph tenant dans ses bras le divin enfant Jésus.*

1505. **MON PÈRE, PARDONNEZ-LEUR.** — Jésus-Christ entre deux bourreaux. — *Sujet ovale, entourage carré* *représentant les instruments de la Passion et le divin Agneau étendu sur la croix.*

1506. **MON AME EST TRISTE JUSQU'A LA MORT.**— *Jésus prosterné au Jardin des Olives; l'ange lui présente le calice; dans le lointain, les disciples endormis.*

1507. **ACCOUREZ A MARIE.** — Par Marie vous arriverez à Jésus. — *La très-sainte Vierge serrant sur son cœur son divin Fils.*—D'après UNE MADONE ROMAINE.

1508. **SOUVENIR DE RETRAITE ECCLÉSIASTIQUE.**— *Renouvellement des vœux cléricaux.*

1509. **SAINT LOUIS DE GONZAGUE MOURANT.** — Seigneur mon Dieu, dès ma jeunesse, vous fûtes mon protecteur, mon soutien, mon seul espoir. — *Le saint, étendu sur son lit de douleur, contemple avec amour le crucifix. La sainte Vierge et le divin Jésus lui apparaissent soutenus par des anges.*

1510. **QUE LA TERRE ME PARAIT PEU DE CHOSE LORSQUE JE CONTEMPLE LE CIEL!** *Apothéose de saint Ignace de Loyola.*

1511. **NOTRE-DAME DE PERSÉVÉRANCE.**—*La sainte Vierge bénit de jeunes enfants qui se réfugient sous son manteau et implorent sa protection.*

1512. **MORT DE SAINT STANISLAS DE KOSTKA.** — Son âme était agréable à Dieu. Consommé en peu de jours, il a rempli une longue carrière.

1513. **COMMUNION DES PREMIERS CHRÉTIENS.** — *Saint Pierre dans les catacombes distribue le pain de vie aux fidèles prosternés.*

1514. **MADRE AUSILIATRICE.** — La sainte Vierge tenant l'enfant Jésus. — *Copie de celle que l'on vénère dans la chapelle des novices de la C. de Jésus à Naples.*

1515. **JE TRESSERAI UNE COURONNE A MA MÈRE.** — *Une jeune fille au pied de l'autel de Marie forme une couronne des fleurs que cueille une de ses compagnes.*

1516. **AME CHÉRIE, VIENS RECEVOIR LA RÉCOMPENSE DE TA FIDÉLITÉ.** — *Jésus au ciel donnant le baiser de paix à un jeune homme qui tient un lis.*

1517. **JE SUIS VENU APPORTER LE FEU SUR LA TERRE**; que désiré-je, sinon qu'il s'allume? — *Le saint enfant Jésus couronné d'épines tient d'une main la croix et de l'autre une torche avec laquelle il allume les cœurs.*

1518. **UN PETIT ENFANT NOUS EST NÉ!** — Il nous apporte le salut au prix de ses souffrances. Ne lui offrirons-nous rien en échange? — *Jésus naissant dans une grotte; au-dessus dans le lointain, le calvaire.*

1519. **JE VIENS T'APPRENDRE A SOUFFRIR.** — *Jésus enfant montre sa couronne d'épines à un jeune pèlerin agenouillé.*

1520. **CARESSES DE JÉSUS.** — Viens à moi; j'aime

le cœur pur. — *Saint Jean à genoux devant le divin Enfant Jésus.*

1522. **JÉSUS ENFANT BON PASTEUR.** — Je donnera ma vie pour mes brebis.

1521. **ME VOICI.** — Je ne viens que pour souffrir. — *Jésus dans la crèche presse avec amour la croix sur son cœur.*

CHAPITRE III.

DÉCOUPURES.

FEUILLES DITES DÉCOUPURES, GRAVÉES SUR ACIER, DE 6, 8, 10, 12, 16, 20, 21, 32, 50, 72, 78 SUJETS A LA FEUILLE.

Ces feuilles sont divisées en plusieurs séries de prix.

Première série.

Feuilles en noir sans prières . . .	le cent,	10	»
— en noir or sans prières . .	—	20	»
— en noir avec prières papier fort.	—	15	»
— en noir or avec prières. . .	—	25	»
— gélatinées.	—	50	»
— gélatinées avec or	—	60	»
— noir chromo	—	50	»

Prix du coloris suivant le numéro et le genre de coloris.

Coloris simple, le cent	40 »	coloris doré, le cent	50 »
—	— 60 »	—	— 70 »
—	— 75 »	—	— 05 »

319. **ANGES DE LA TERRE.** — 10 *sujets.* Modèles de dévouements inspirés par la religion.

308. **LES BÉATITUDES.** — 24 *sujets.* Montrant le bonheur réservé, même sur la terre, à celui qui pratique la loi de Dieu.

345. **BÉATITUDES.** — 12 *sujets.* En forme de croix, entourés d'une guirlande.

421. **BONHEUR DES ENFANTS DE MARIE.** — 50 *sujets.* Feuille composée de 25 bustes de la sainte Vierge avec l'Enfant Jésus et de 25 emblèmes sur le saint Scapulaire. Elle se tire également sur papier et sur calicot.

342. **BONTÉ DU SEIGNEUR.** — 10 *sujets.* Exemple de la miséricorde divine.

318. **CARACTÈRES DE LA VIE CHRÉTIENNE.** — 10 *sujets.* Véritable guide de conduite envers les frères, sœurs et compagnes dans toutes les circonstances de la vie.

320. **LE CHRÉTIEN AU PIED DE LA CROIX.** — 12 *sujets.* Montrant la force et la consolation qu'on trouve au pied de la croix.

283. **CHRISTS, VIERGES.** — 15 *sujets.*

327. **CONSOLATION DES AMES AFFLIGÉES.** — 10 *sujets*. O puissance et douceur de la Religion ! Comme elle ranime et fortifie ! Comme elle unit bien l'âme demeurée sur la terre à l'âme retournée au ciel !

386. **COURONNE DE MARIE.** — 32 bustes de la très-sainte Vierge.

335. **LES DEUX CHEMINS.** — 10 *sujets*, On a représenté dans une même image le bonheur de celui qui suit la voie de Dieu avec droiture et simplicité et le malheur de celui qui s'écarte de la véritable route.

289. **EMBLÈMES.** — 15 *sujets*.

287. **EMBLÈMES.** — 15 *sujets*.

304. **ENFANTS DE LA GRACE.** — 12 *sujets*. Dons du Saint-Esprit ; aspirations et désirs d'une âme pleine de ferveur.

333. **ÉVANGILES EN ACTION.** — 32 *sujets*, destinés à aider les petits enfants à apprendre les Evangiles.

334. **ÉVANGILES EN ACTION** (suite). — 32 *sujets*.

329. **FLEURS DU CIEL** (Saintes). — 12 *sujets*.

313. **FLEURS DU CIEL** (Saints). — 21 *sujets*.

314. **FLEURS DU CIEL** (Saintes). — 21 *sujets*.

301. **FLEURS DE LA VIE DU CHRÉTIEN.** — 12 *grands sujets*. Douceurs de la Religion.

302. **FILLES DU CIEL.** — 12 *sujets*, représentant les principales vertus, et ayant pour but de les faire chérir et pratiquer.

305. **FRUITS DE L'AMOUR DIVIN.** — 12 *sujets.* Fruits du Saint-Esprit et bonheur de l'âme qu'il enrichit de ses faveurs.

350. **GUIDE DES AMES, VERTUS CHRÉTIENNES.** — 12 *sujets.* Suite aux Filles du ciel.

306. **HORLOGE DU CHRÉTIEN.** — 12 *sujets.* Manière de sanctifier chaque heure de la journée par une petite pratique de piété. *Feuille destinée aux enfants.*

309. **IMITATION DE JÉSUS.** — 10 *sujets.*

336. **JÉSUS NOTRE MODÈLE.** — 10 *sujets.* Chaque image se divise en deux parties; l'une représente Jésus enfant à Nazareth travaillant, étudiant, rendant à la très-sainte Vierge tous les petits services qui sont à la portée des enfants; l'autre représente la manière dont un enfant chrétien doit imiter Jésus.

399. **LEÇONS ET FRUITS DE LA CROIX.** —32 *sujets.* Croix avec emblèmes et sentences propres à faire porter patiemment ce saint joug.

362. **LITANIES DES SAINTS.** — 72 *sujets.*

343. **MAXIMES DE SAINT FRANÇOIS DE SALES.** — (20 *sujets*) Exemples de patiente douceur et d'humilité.

310. **LES NEUF CHŒURS DES ANGES.**—(12 *sujets.*) Dévotion aux saints Anges.

349. **PARAPHRASE DES ANTIENNES A LA SAINTE VIERGE.**— 10 *sujets. Regina cœli, Sub tuum, Inviolata, Stabat Mater,* etc.

321. **PÈLERINAGES AUX SANCTUAIRES DE MARIE.**

7.

— 16 *sujets.* Vue des sanctuaires les plus célèbres consacrés au culte de la très-sainte Vierge.

322. **PÈLERINAGES AUX SANCTUAIRES DE MARIE** (suite). — 16 *sujets.*

394. **PERLES DU CIEL.** — 16 *petits bustes.* Cette planche se met dans une jolie dentelle ayant la forme d'un lis duquel semblent sortir les sujets.

341. **PETITS EMBLÈMES.** — 32 *sujets.* Aspirations d'amour et de confiance en Dieu.

388. **PIEUSES ASPIRATIONS.**— 78 *emblèmes.* Elans de reconnaissance envers le Seigneur.

340. **PSAUMES DE LA PÉNITENCE.** — 12 *sujets.* Paraphrase à la portée des enfants.

427. **PUISSANCE DU SAINT SCAPULAIRE** — 32 *sujets.* 16 groupes de la sainte Vierge et de son divin Fils et 16 emblèmes. - Cette feuille se tire également sur papier ou sur calicot.

330. **ROSÉE CÉLESTE.** — 12 *sujets.* Effets du précieux sang de Jésus sur les cœurs.

331. **ROSÉE CÉLESTE** (suite). — 12 *sujets.*

303. **SAINTE AMITIÉ.** — 12 *sujets.* Emblèmes nous enseignant à sanctifier l'amitié et à la faire servir à notre avancement dans la voie du salut.

338. **SAINTES AFFECTIONS.** — 10 *sujets.* Petites instructions pour apprendre à gagner beaucoup d'indulgences pour nos parents, nos amis et pour nous-mêmes.

326. **LA SAINTE MESSE EN TABLEAUX** — 21 *sujets*. Représentant les cérémonies de la Sainte Messe et les phases diverses de la Passion de telle sorte qu'on puisse se rendre compte du rapport de ces saintes cérémonies avec la Passion du divin Jésus. — Les prières du verso aident puissamment à bien entendre la Sainte Messe.

272. **SAINTS ET SAINTES.** — (15 sujets.)

279. **SAINTS ET SAINTES.** — (10 sujets.)

293. **SAINTS ET SAINTES.** — (12 sujets.)

278. **SAINTS ET SAINTES.** — (32 sujets.)

284. **SAINTS ET SAINTES.** — (15 sujets.)

291. **SAINTS ET SAINTES.** — (20 sujets.)

298. **SAINTS ET SAINTES.** — (24 sujets.)

282. **SAINTS ET SAINTES.** — (14 sujets.)

296. **SAINTS ET SAINTES.** — (21 sujets.)

274. **SAINTS ET SAINTES.** — (12 sujets.)

297. **SAINTS ET SAINTES.** — (12 sujets.)

298. **SAINTS ET SAINTES.** — (12 sujets.)

294. **SAINTS** — (*Bustes*, 12 sujets.)

292. **SAINTS ET SAINTES** en pied. — (21 *sujets.*)

286. **SAINTS, SAINTES ET EMBLÈMES.** — (15 *sujets.*)

370. **SAINTES** (d'après des modèles allemands.) — (12 *sujets.*)

332. **SAINTS.** — (12 *sujets.*)

317. **SAINTES.** — (32 *petits sujets.*)

316. **SAINTS.** — (32 *petits sujets.*)

307. **SEMAINE DU CHRÉTIEN.** — 10 *sujets.* Chaque image indique la pratique d'une dévotion pour chaque jour de la semaine.

427. **SUJETS DIVERS** tirés en partie de la vie de notre Seigneur. — 32 *sujets.*

311. **TITRES DE JÉSUS A NOTRE AMOUR.** — 12 *sujets.* Traits touchants de la vie de Notre Seigneur propres à nous faire aimer ce divin Maître,

312. **TITRES DE JÉSUS A NOTRE AMOUR.**—12 *sujets.*

278. **VERTUS A PRATIQUER.** — (10 *sujets.*)

281. **VIE DE N. S. JÉSUS-CHRIST.** — (16 *sujets.*)

323. **VIE DE LA SAINTE VIERGE.** — (10 *sujets.*)

324. **VIE DE LA SAINTE VIERGE** (suite.) — (10 *sujets.*)

325. **VIE DE LA SAINTE VIERGE** (suite).— (10 *sujets.*)

Cette suite, qui renferme la vie complète de la sainte Vierge unie à celle de son divin Fils, forme une instruction très-pieuse et très-solide pour chaque jour du mois de Marie.

Ces sujets peuvent servir dans la librairie pour les formats in-32.

337. **VIE DU CHRÉTIEN.** — 10 *sujets.* Explication et administration des sacrements dans les missions au milieu des merveilles de la nature.

295. **VIERGES, SAINTS ET SAINTES.** — 16 *sujets.*

328. **VIE DE L'AME SANCTIFIÉE EN L'AMOUR DE JÉSUS.** — 16 *sentences.*

315. **VISITE AU ROI JÉSUS DANS LA CRÈCHE.** — 21 *sujets.* — Cette feuille forme une pieuse station pour Noël; les méditations touchent les cœurs et les forcent à s'incliner devant le pauvre berceau de l'Enfant-Dieu.

339. **VIE DE SAINT JOSEPH.** — 10 *sujets.* Ces images forment une neuvaine de prières à ce saint protecteur de l'enfance et des biens temporels.

Deuxième série.

Feuilles en noir avec prières . . .		le cent,	20	»
—	en noir or	—	30	»
—	gélatiné	—	50	»
—	gélatiné or	—	60	»
—	avec entourage chromo . .	—	60	»
—	en coloris soigné	—	75	»
—	en coloris avec entourage or	—	85	»

383. **BIENFAITS DU SEIGNEUR.** — 21 *sujets.* Représentant les merveilles de la nature et en rapportant la gloire au Père de toutes choses.

369. **CONFIANCE EN DIEU ET EN MARIE.** — 16 *emblèmes.* Le chrétien doit mettre son espoir en Dieu et cet espoir ne sera pas trompé.

356. — **CRI DE L'AME.** — 16 *emblèmes.* Pieuses pensées d'une âme toute à Dieu.

371. **LE CRI DE L'AME** (suite). — 16 *emblèmes.*

415. **SAINTS ET SAINTES.** — 16 *médaillons.*

420. **SAINTS ÉVANGÉLISTES ET SAINTS APOTRES.** —16 *bustes ovales pouvant servir à des encadrements.*

Troisième série.

Feuilles en noir avec prières . . .		le cent,	25	»
—	en noir or	—	35	»
—	gélatiné	—	50	»
—	gélatiné or	—	60	»
—	avec un entourage chromo-lithographié	—	60	»
—	coloris soigné	—	100	»
—	coloris avec entourage or	—	110	»

424. **ANNÉE CHRÉTIENNE.** — 16 *sujets ovales.* Saints et saintes du mois d'octobre.

425. **ANNÉE CHRÉTIENNE.** — 16 *sujets ovales.* Saints et saintes du mois d'octobre.

353. **ATTRAITS DU SACRÉ-CŒUR DE JÉSUS.** — 21 *sujets.* Le Cœur de Jésus est le guide et le médecin des âmes, le maître aimable, la richesse des pauvres, la source de lumière, l'océan de biens.

351. **BILLETS DES AMES ASSOCIÉES AU SACRÉ-CŒUR DE JÉSUS.** — 16 *sujets.* Images destinées à être tirées au sort. — Association de prières pour glorifier le Sacré-Cœur de Jésus à toutes les heures du jour en priant les uns pour les autres.

352. **BILLETS DES AMES ASSOCIÉES AU SACRÉ CŒUR DE JÉSUS** (suite). — 16 *sujets.*

379. **BILLETS DE L'ADORATION PERPÉTUELLE** — 16 *sujets.* Pour être tirés au sort par les associés. Chaque image représen te le très-saint Sacrement et des méditations différentes.

346. **CHEMIN DE LA CROIX A LA SUITE DE MARIE.** — 16 *sujets.* Cette feuille représente les faits douloureux de la Passion accomplis depuis le jardin des Olives jusqu'au Calvaire et au Sépulcre.

387. **COUR CÉLESTE.** — 20 *sujets.* Saints et saintes.

406. **COUR CÉLESTE.** — 21 *sujets.* Saints et saintes.

404. **COUR CÉLESTE.** — 16 *sujets.* Saints en pied.

405. **COUR CÉLESTE.** — 20 *sujets.* Saintes en pied.

434. **FINS DERNIÈRES DE L'HOMME.** — 6 *sujets.* Comparaison entre la mort du juste et celle du pécheur; horreur du châtiment. délices de la récompense.

357. **LITANIES DU TRÈS-SAINT CŒUR DE MARIE.** — 16 *sujets.*

358. **LITANIES DU TRÈS-SAINT CŒUR DE MARIE.** — 16 *sujets.*

396. **OFFRANDES A JÉSUS PAR MARIE.** — 16 *sujets.* Invitation à l'aumône. L'offrande la plus agréable à Jésus est l'aumône faite en son nom. — Cette feuille apprend aux enfants à sanctifier leurs loisirs en faisant des vêtements pour les petits enfants pauvres.

376. **PLAINTES DU SEIGNEUR.** — 21 *sujets.*

344. **PRÉSENTS DE JÉSUS** par l'entremise de Marie.— 16 *sujets*. Chaque image représente la sainte Famille à Bethléem; des cœurs de Jésus et de Marie partent des rayons lumineux sur lesquels est gravé le nom d'une vertu que reçoit un enfant à genoux.

417. **SAINTS ET SAINTES.** 21 *bustes sortant de bouquets de fleurs.*

374. **SOUPIRS DE DAVID.** — 16 *sujets.* Pieuses invocations imitées des psaumes.

359. **VALLÉE DES LIS.** — 16 *sujets en forme de croix.* Pieuses pensées, saints désirs, encouragements affectueux.

Quatrième série.

Feuilles	en noir avec prières . . .	le cent,	30	»
—	en noir, or.	—	40	»
—	noir fond teinté, filet or. .	—	50	»
—	gélatiné	—	50	»
—	gélatiné or	—	60	»
—	avec entourage chromo-lithographié	—	60	»
—	en coloris soigné	—	125	»
—	en coloris avec entourage or	—	135	»

347. **ANGE CONDUCTEUR.** — 16 *sujets.* L'Ange gardien guide le chrétien dans toutes les circonstances de sa vie depuis le baptême jusqu'au jour, où, *dernier ami,* il le conduit dans les bras du Seigneur.

372. **L'ANCRE DE SALUT.** — 16 *sujets.* Emblèmes sur les bienfaits de la croix.

393. **BIENFAITS DE JÉSUS DANS LE TRÈS-SAINT SACREMENT.** — 16 *sujets.* Cette feuille est destinée à faire apprécier les trésors de grâce qui nous sont offerts dans la sainte Eucharistie.

390. **BIENFAITS DE LA CROIX,** puissance du précieux Sang. — 16 *sujets.* Le chrétien trouve dans la croix son appui, son bonheur ici-bas, son bonheur pour l'éternité.

381. **BON PASTEUR.** — 16 *sujets.* Jésus bon pasteur, caresse ses brebis, leur donne la nourriture, les abreuve de son sang, les défend contre les dangers, les instruit de sa divine doctrine et les conduit au ciel.

363. **CHEMIN ROYAL DE LA CROIX.** Guide des amants de la croix. — 16 *sujets.* Imités d'anciennes et charmantes gravures. — *Jésus montre à l'âme fidèle comment elle doit porter la croix pour avoir part à la récompense.*

364. **MYSTÈRES DE L'AMOUR DIVIN.** — 16 *sujets.* Suite du *Chemin royal de la Croix.* Cette planche fait partie de la collection des pieuses récréations ; elle est propre à être tirée au sort et on devra s'appliquer à la pratique de la vertu qui vous échoit en partage.

416. **CHEMIN DE LA VIE.** — 16 *sujets.* Jésus encourage les chrétiens à pratiquer sa sainte loi, et prononce à chaque sujet une des belles paroles des béatitudes.

398. **CŒUR A CŒUR AVEC MARIE.** — 16 *sujets.* Hommages et invocations au saint cœur de Marie.

348. **COUR DU ROI JÉSUS.** — 16 *sujets.* Pieuses récréations; images à tirer au sort. Chaque billet donne en partage une vertu à pratiquer en l'honneur de l'Enfant Jésus, à l'exemple du saint qui en a été le plus illustre modèle.

384. **COUR CÉLESTE.** — 16 *sujets.* Saints et saintes.

389. **CŒUR A CŒUR AVEC JÉSUS.** — 16 *sujets.* Motifs d'adoration au sacré Cœur de Jésus.

407. **DONS ET FRUITS DU SAINT-ESPRIT.** — 21 *sujets.* Cette feuille est composée et exécutée de manière à toucher le cœur des enfants et les préparer à recevoir le Saint-Esprit.

365. **LE DIVIN JARDINIER.** — 16 *sujets.* Cette feuille représente le cœur comme un jardin inculte et négligé auquel Jésus rend sa première beauté.

380. **DONS DE JÉSUS ET DE MARIE.** — 16 *sujets.* Un jeune enfant reçoit une faveur céleste et promet en échange la pratique d'une vertu.

395. **ÉCOLE DU CŒUR.** — 16 *sujets.* Jésus apprend au chrétien à dégager son cœur des affections terrestres pour s'enrichir de vertus et de mérites.

418. **EXIL ET PATRIE.** — 16 *sujets.* L'homme exilé du paradis terrestre par la première faute parvient à travers les écueils de la vie à ramener sa barque au port du salut et à reconquérir le céleste héritage.

401. **FÊTES DE L'ANNÉE.** — 10 *sujets.* Cette feuille peut servir dans la librairie pour le format in-18 et convient parfaitement aux paroissiens.

397. **ÉTRENNES DE JÉSUS.** — 12 *sujets.* L'enfant chrétien offre au divin Jésus ses désirs, ses mérites, ses souffrances, etc. *Titres imprimés en or.*

429. **FONCTIONS DE JÉSUS DANS LE SAINT-SACREMENT.** — 16 *sujets.* Jésus est tout pour le chrétien son roi, son père, son guide, etc.

355. **LA GRACE OU LA VOIX DU SEIGNEUR.** — 16 *sujets.* Dans nos joies et dans nos douleurs, ayons recours à Jésus, sa grâce ne nous manquera pas.

435. **MA JOURNÉE AVEC MARIE.** — 16 *sujets.* Marie accompagne l'enfant dans toutes les actions de sa journée et lui apprend en les sanctifiant à acquérir des mérites pour le ciel.

413. **MARIE GUIDE ET MAITRESSE DES AMES INTÉRIEURES.** — 16 *sujets.* Marie instruit l'âme chrétienne à vivre intérieurement même au milieu des agitations du monde.

391. **MARIE GUIDE ET LUMIÈRE DES AMES.** — 16 *sujets.*

392. **MARIE GUIDE ET LUMIÈRE DES AMES** (suite). — 16 *sujets.*

418. **MYSTÈRES DU ROSAIRE.** — 16 *sujets ovales représentant les mystères* joyeux, douloureux, glorieux, *et la dévotion du saint Rosaire.*

439. **PENSÉES CONSOLANTES.** — 21 *emblèmes.*

360. **LES PETITS ENFANTS DE MARIE.** — 16 *sujets.* Feuille spéciale pour les jeunes serviteurs de Marie.

431. **PIEUSES ALLÉGORIES.** — 21 *sujets, emblèmes gravés, manière anglaise.*

432. **PIEUSES MÉDITATIONS.** — 21 *sujets, emblèmes.*

354. **LA PRIÈRE.** — 8 *sujets,* sur les vertus et les sacrements, pouvant servir de frontispice pour les livres in-18.

423. **PUISSANCE DE LA CROIX.** — 21 *jolis sujets ovales.* Titres de la sainte Croix à notre dévotion.

373. **PRÉPARATION A LA COMMUNION.** — 16 *sujets.* Le chrétien s'étudie à chasser de son cœur ce qui pourrait déplaire à Jésus et parvient, en l'ornant de vertus, à en faire une demeure digne de ce Maître adorable.

400. **L'ANNÉE DE LA PREMIÈRE COMMUNION.** — 10 *sujets.* — Cette feuille peut servir dans la librairie pour les manuels de première communion, format in-18.

382. **PASTEUR DES AMES.** — 16 *sujets ovales.* Jésus enfant bon pasteur.

377. **PRIÈRES DE L'ENFANCE.** — 16 *sujets.* Cette feuille apprend aux enfants par des exemples à sanctifier chacune des actions de leur journée.

428. **PUISSANCE DE LA GRACE.** — 21 *sujets.* Emblèmes destinés à faire comprendre les merveilleux effets de l'amour divin.

366. **LES SERVANTES DU SEIGNEUR.** — 16 *sujets.* Saintes entourées de petits médaillons représentant les principaux traits de leur vie.

430. **SOURCES DE LA GRACE.** — 10 *sujets.* Excellence des sacrements. Chaque image divisée en deux parties représente dans l'une le sacrement administré aux fidèles et dans l'autre l'institution du sacrement.

403. **SOUVENIRS ET CONSOLATIONS.** — 16 *sujets délicatement gravés avec fond gris.* Adoucissements à la perte des personnes qui nous sont chères.

402. **SŒURS DE CHARITÉ** de Saint-Vincent-de-Paul dans leurs différents offices. — 12 *sujets.*

442. **SYMBOLES DE LA GRACE.** — 21 *sujets.* Emblèmes sur chacune des grâces que le chrétien doit spécialement demander à Dieu.

378. **TESTAMENT DE N. S.** — 16 *sujets.* Dans les quels Jésus enfant nous fait don de chacun des instruments de sa douloureuse passion.

Cette feuille est destinée à être tirée au sort.

368. **TESTAMENT DE LA TRÈS-SAINTE VIERGE.** — 16 *sujets, dans chacun desquels la sainte Mère de Jésus nous lègue une de ses vertus.* Ces images sont destinées à être tirées au sort dans les récréations des communautés.

422. **LE TRAVAIL EN LA SAINTE PRÉSENCE DE DIEU.** 16 *sujets.* Cette feuille, composée spécialement pour les Écoles chrétiennes et représentant les Frères donnant des leçons d'histoire, de lecture, de géographie, etc., peut servir de bons points pour chacune de ces sciences.

385. **VERTUS DE LA CROIX.** — 21 *emblèmes.*

367. **LA VIE SANCTIFIÉE PAR L'UNION A JÉSUS.**— 16 *croix*. Bonheur d'accomplir les actions de la vie en vue de Dieu et pour sa gloire.

375. **LA VIE SANCTIFIÉE PAR LA CROIX.** — 21 *sujets*. Après la souffrance sur la terre, la récompense nous attend au ciel.

361. **PRINCIPAUX ÉPISODES DE LA VIE DE SAINT VINCENT DE PAUL.** — 16 *sujets*. Chacune de ces images est la pratique d'une vertu. Derrière chacune d'elles, une maxime tirée des Œuvres de saint Vincent de Paul.

414. **VISITES ET INSTRUCTIONS DE JÉSUS A L'AME FIDÈLE.** — 16 *sujets*. Les âmes obéissantes, contemplatives, humbles, ferventes, simples, pures, pénitentes, etc., reçoivent tour à tour la visite de Jésus.

Cinquième série.

Feuilles en noir avec prières et noir avec entourage or.	le cent,	40	»
— sur teinte avec filet or. .	—	50	»
— gélatiné.	—	60	»
— gélatiné or.	—	70	»
— coloris soigné.	—	125	»
— coloris avec entourage or .	—	135	»

437. **LA CONCEPTION IMMACULÉE DE MARIE.** — 6 *sujets*. Marie immaculée considérée comme le guide, le modèle, la récompense du chrétien.

445. **DIVINS MODÈLES ET SAINTS EXEMPLES.** —

21 *sujets*. Cette feuille représente quelques sujets de la vie de Jésus enfant, de la sainte Vierge, de saint Joseph et des principaux patrons de la jeunesse.

436. **DONS DU SAINT-ESPRIT.** — 16 *sujets*. Les dons et les grâces du Saint-Esprit sont doublement représentés sur la même image, au moyen d'emblèmes et de personnages.

438. **LA FLEUR DE L'INNOCENCE.** — 16 *sujets*. Petits enfants dans des lis avec légendes et prières différentes montrant la pureté comme le germe des vertus.

441. **JÉSUS NOTRE MODÈLE ET NOTRE RÉCOMPENSE.** — 16 *sujets*. Jésus enfant considéré comme le modèle de chacune des vertus.

443. **PRÉSENCE DE DIEU.** — 16 *sujets*. Cette feuille nous montre Dieu présent à l'accomplissement de chacune des actions de notre vie.

440. **SOUVENIRS ET CONSOLATIONS.** — 16 *sujets*. Cette feuille touchante est destinée à adoucir nos regrets de la perte des personnes qui nous sont chères.

Sixième série.

Feuilles en noir avec prières . . .	le cent,	50	»
— sur teinte avec entourage or	—	70	»
— coloris soigné.	—	200	»

460. **LA COLOMBE DU SEIGNEUR.** — 16 *sujets*. Jésus enfant comble de biens les colombes fidèles, les nourrit

de sa chair divine, les protége dans le danger, ouvre son cœur à leur repentir et distribue les récompenses à celles qui ont triomphé des tentations.

461. **MARIE AIME CELUI QUI AIME JÉSUS ET QUI IMITE CE DIVIN MODÈLE.** — 16 *sujets*. Chaque image représente un enfant pratiquant une des plus belles vertus et recevant la bénédiction de la très-sainte Vierge.

---

§ 2. Chromo-lithographie.

FEUILLES DE 16, 21 ET 32 SUJETS IMPRIMÉS EN PLUSIEURS COULEURS.

Ces feuilles sont divisées en plusieurs séries de prix, savoir :

Première série.

10 *fr. le cent de feuilles.*

203 *B*. **FLEURS MYSTIQUES** du jardin de Marie. — 2 *feuilles de* 16 *sentences chacune*. Chaque jour du mois de mai, Marie est honorée en mémoire d'une année de la vie de N. S. Jésus-Christ.

207. **FLEURS.** — 32 *bouquets au trait imprimés en bleu, destinés à être coloriés.*

Deuxième série.

60 *fr. le cent de feuilles.*

206. **CONSEILS UTILES.** — 21 *maximes morales tirées de Fénelon, La Fontaine,* etc. Entourages variés à deux couleurs.

206 *B*. **CONSEILS UTILES.** — Entourages variés à 5 couleurs.

201. **COUR CÉLESTE.** — 16 *saints en pied.*

204 *B*. **IMITATION DE LA SAINTE VIERGE.** — 32 *guirlandes avec texte imprimé en 7 couleurs.*

229. **INVITATIONS AU DIVIN BANQUET.** — 21 *emblèmes imprimés en rose et argent sur teinte graduée.*

205. **PIEUSES MAXIMES.** — 21 *sentences avec entourages variés à 2 couleurs.*

205 *bis*. **PIEUSES MAXIMES.** — 21 *sentences avec entourages variés à 5 couleurs.*

Troisième série.

125 *fr. le cent de feuilles.*

217. **AMOUR DE LA CROIX** — 16 *croix entourées de guirlandes et d'emblèmes, imprimées en 8 couleurs.*

216. **ANNÉES DU CHRÉTIEN AVEC JÉSUS ET PAR JÉSUS.** — 16 *emblèmes imprimés en 8 couleurs.* Vertus et biens que l'on peut demander à Dieu chaque année.

223. **DIVINE EUCHARISTIE.** — 21 *calices sur teinte*

imprimés en 8 couleurs. Délices et fruits du festin auquel Dieu nous convie.

227. **DONS ET FRUITS DU SAINT-ESPRIT.** — 21 *emblèmes imprimés en 8 couleurs*. Encouragements à demander au Saint-Esprit ses divines faveurs.

224. **DOUCEURS ET NÉCESSITÉS DE LA CROIX.** — 21 *emblèmes très-variés imprimés en 7 couleurs.*

210. **EMBLÈMES.** —16 *sujets imprimés en 7 couleurs.*

226. **ÉTRENNES DE L'ENFANT DE MARIE.** — 21 *emblèmes imprimés en 9 couleurs sur teinte graduée.* Cette planche enseigne à l'enfant de Marie à chercher ses plus belles étrennes dans l'amour de sa sainte Mère.

207 *B*. **FLEURS.**—32 *bouquets coloriés à l'aquarelle.*

218. **JOURNÉES DU CHRÉTIEN AVEC JÉSUS PAR MARIE.**— 16 *emblèmes imprimés en 8 couleurs*. Pieuses récréations, images à tirer au sort. Chaque billet rappelle la pratique d'une vertu.

211. **LANGAGE CHRÉTIEN DES FLEURS.** — 16 *bouquets avec sentences, imprimés en 8 couleurs.*

226. **LE NOM DE MA MÈRE.** — 21 *emblèmes imprimés en 9 couleurs*. Puissance du saint nom de Marie.

215. **LITANIES DE LA SAINTE VIERGE.** — 21 *emblèmes imprimés en 8 couleurs*. Sur les gloires de Marie.

212. **PIEUSES RÉFLEXIONS.** — 16 *emblèmes imprimés en 8 couleurs.*

220. **PIEUX SOUVENIRS.** — 16 *emblèmes imprimés*

en 8 couleurs. Douceurs de l'amitié chrétienne exercée en vue de Dieu.

219. **POUR ÉTRENNES, O MON JÉSUS.** — 32 *emblèmes imprimés en 7 couleurs.* Chaque sujet représente une des vertus que le chrétien doit souhaiter acquérir au commencement de l'année.

213. **QU'ELLE EST BONNE, MARIE!** — 16 *emblèmes imprimés en 7 couleurs.* Louanges de la Reine du ciel.

228. **SAINT RENDEZ-VOUS.** — 21 *emblèmes imprimés en 9 couleurs.* Ces images sont destinées à réunir dans une même pensée de prières à la même heure les personnes éloignées les unes des autres.

231. **TITRES DE MARIE A NOTRE AMOUR.** — 21 *emblèmes imprimés en 8 couleurs sur fond or.*

222. **VERTUS DE LA CROIX.**—*Croix imprimées en 7 couleurs sur or avec teinte.* Les unes sont entourées d'épines, les autres de fleurs ; les sentences tirées de l'*Imitation* apprennent à porter la croix avec courage et résignation.

Quatrième série.

175 fr. le cent de feuilles.

230. **FLEURS, SYMBOLES DES VERTUS.** — 21 *emblèmes et bouquets avec sentences et prières.*

Cette feuille, imprimée en 13 couleurs, peut être considérée comme une des plus jolies qui se soient faites en fleurs et paysages.

232. **LA BREBIS DU SEIGNEUR.** — 16 *sujets composés avec le plus grand soin et imprimés en 11 couleurs.*

§ 3. Scapulaires.

Ces Scapulaires, imprimés sur calicot, sont du prix de 30 fr. le cent de FEUILLES. Imprimés sur satin, de 40 fr. le cent de SCAPULAIRES.

Les Scapulaires tout faits varient dans les prix de 0 fr. 75, 1 fr. 50, 1 fr. 80, 2 fr. 40, 8 fr. la douzaine.

421. **BONHEUR DES ENFANTS DE MARIE.** — Dimension de la feuille : 0,47 sur 0,31. 25 *scapulaires complets.*

271. **SCAPULAIRES ASSORTIS** dont 8 de l'Immaculée Conception. — Dimension de la feuille : 0,44 sur 0,29. 12 *scapulaires complets.*

7002. **SCAPULAIRE DE L'IMMACULÉE CONCEPTION.** — Dimension de la feuille : 0,47 sur 0,35. 25 *scapulaires complets; tirage en bleu ou en noir à volonté.*

7003. **SCAPULAIRE DU MONT CARMEL.** — Dimension de la feuille : 0,45 sur 0,31. 25 *scapulaires complets.*

426. **SCAPULAIRE DU MONT CARMEL.** — Dimension de la feuille : 0,47 sur 0,31. 16 *scapulaires complets.*

7006. **SCAPULAIRE DE N.-D. DES SEPT DOULEURS.** — Dimension de la feuille : 0,42 sur 0,31. 16 *scapulaires complets.*

7005. **SCAPULAIRE DE N.-D. DE LA SALETTE.** — D'un côté la sainte Vierge avec l'Enfant Jésus, de l'autre l'apparition de la Salette. — Dimension de la feuille : 0,32 sur 0,49. 16 *scapulaires complets.*

7000. **SCAPULAIRE DE LA PASSION.** — Dimension de la feuille : 0,23 sur 0,22. 6 *scapulaires complets gravés avec soin.* — *Le cent de feuilles,* 20 fr.

7004. **SCAPULAIRE DE LA PASSION.** — Dimension de la feuille : 0,46 sur 0,28. 30 *scapulaires complets. le cent de feuilles* : 30 *fr.*

7007. **SCAPULAIRE DE L'IMMACULÉE CONCEPTION,** gravé avec soin pour être imprimé sur satin.— *Prix du cent de scapulaires,* 40 *fr.*

---

§ 4. Bons points.

Ces bons points, imprimés sur papier ou sur carte, format demi-raisin, contiennent 25, 29, 30, 32 et 90 sujets ; ils sont appropriés aux besoins des écoles et des catéchismes, et contiennent les titres suivants :

Catéchisme.	Religion.
Évangile.	Sagesse.
Lecture.	Écriture.
Géographie.	Histoire.
Dessin.	Travail.
Assiduité.	Silence.
Propreté, etc., etc.	

Prix, sur papier de couleurs variées, le cent 10 fr.; sur carte, le cent, 15 fr.

8.

Pour les personnes qui voudraient distribuer à titre de bon point, quelques-unes de nos vignettes ou de nos feuilles, il est possible d'ajouter au verso de ces images une prière spéciale avec la désignation du lieu ou de la date, sans augmentation de prix, pourvu que la commande soit suffisamment importante.

CHAPITRE IV.

IMAGES DENTELÉES.

Nous possédons un si grand nombre de modèles en ce genre, qu'il nous serait impossible d'en donner une nomenclature détaillée; nous pouvons seulement dire que tous les sujets dont le format se rapporte à celui des livres de prières peuvent être fournis avec dentelles. Il suffira donc, pour en faire la demande, de se reporter au détail des vignettes et des feuilles, et de nous indiquer le numéro choisi, en nous faisant savoir si c'est *en noir, en couleur, en coloris pailleté* qu'on les désire.

Tous les sujets tirés des feuilles sont assortis à l'avance dans les douzaines; mais ceux tirés d'une même feuille ne sont pas mêlés à d'autres.

Les prix sont, suivant les sujets, pour chaque douzaine de treize images :

1° En noir, 0 fr. 10, 0,15, 0,20, 0,25, 0,30, 0,35, 0,40, 0,50, 0,60, 0,75.

2° En noir avec teinte et filet d'or, 1 fr. et 1 fr. 20.

3° En couleur, 0 fr. 15, 0,25, 0,30, 0,35, 0,40, 0,60, 0,80, 1 fr., 1 25, 1 50, 1 75, 2 fr.

4° En coloris entouré d'une dentelle de papier doré, 0 fr. 80, 1 fr., 1 25, 1 50, 1 75, 2 fr., 2 25.

Les sujets tirés des feuilles chromo-lithographiées sont également assortis dans les douzaines. Les prix sont de 0 fr. 50, 0,60, 1 fr. 25, 1 fr. 75.

Les VIGNETTES entourées de dentelles ne sont pas assorties d'avance dans les douzaines ; la plus grande partie de ces sujets sont accompagnés d'une dentelle riche spéciale, ajustée au dessin, mais nous les fournissons également dans une dentelle plus simple, sans changement de prix.

Les prix sont, suivant la collection :

En noir	1 fr. 00, 1 fr. 50, 2 fr. 00
En couleur.	2 fr. 50, 3 fr. 00, 4 fr. 00
En coloris pailleté .	6 fr. 00, 6 fr. 00, 8 fr. 00
En sensitives . . .	12 fr. 00.

Surprises.

1° SURPRISES APPLIQUÉES, PORTES, FLEURS ET EMBLÈMES.

Ces surprises varient de prix, suivant le sujet qu'elles recouvrent; c'est ainsi que la même surprise peut valoir 1 fr. 50, 2 fr. ou 2 fr. 50 la douzaine.

1. **L'UNE APRÈS L'AUTRE.** — La couronne d'épines et la couronne de roses.

2. **ROSE, LIS ET PENSÉE.** — Bouquet.

3. **ORANGE ET FLEUR D'ORANGER.**

4. **POUR VOUS JE LES IMPLORE CHAQUE JOUR.** — Les sacrés Cœurs au milieu d'une guirlande de lis.

5. **LE CŒUR SIMPLE EST LA DEMEURE AIMÉE DE JÉSUS.** — Le chiffre de Jésus au milieu d'un cœur enflammé d'où sort un lis; autour, une guirlande de roses.

6. **LE CŒUR ET LA CROIX.** — Cette surprise forme un cœur surmonté d'une croix au milieu duquel est un petit bouquet de pensées, de roses et de myosotis.

7. **CHAPELET DE L'IMMACULÉE CONCEPTION.**—Sur chaque grain du chapelet est peinte une petite rose; au bout du chapelet est figurée la médaille miraculeuse.

8. **ROSES, LIS ET PENSÉES.** — Petit bouquet.

9. **ROSES, LISERON ET FUCHSIA.** — Petit bouquet.

10. **COQUELICOT, BLÉ ET BLUET.** — Petit bouquet.

11. **LIS.** — Bouquet.

12. **PENSÉES.** — Bouquet.

13. **TULIPE, CLOCHETTE.** — Bouquet.

14. **ORANGE, FLEUR D'ORANGER, MYOSOTIS ET FRAISE.** — Bouquet.

15. **LES SACRÉS CŒURS** entourés d'une couronne d'épines; au-dessus le Saint-Esprit, rayonnant; autour, 15 têtes d'anges, la croix et le chiffre de Marie.

16. **VASE DE FLEURS.**

17. **QU'ON REPOSE DOUCEMENT A SES PIEDS.** — Au pied d'une croix un agneau endormi; autour une guirlande de fleurs.

18. **ICI J'AI TROUVÉ LE REPOS.** — Une colombe au milieu d'un cœur brûlant placé sur une croix; autour, des roses, lis et myosotis.

19. **O MON AME, AVEC JÉSUS GOUTE ET APPRÉCIE LES DOULEURS DE LA CROIX.** — Au milieu d'une guirlande de lis, l'Agneau pascal endormi sur la croix.

20. **A SES PIEDS, PENSEZ A MOI.**—Au milieu d'une croix à fleurons une pensée; au-dessous une banderole portant l'inscription; au bas, des roses, pensées, myosotis.

21. **LE SACRÉ CŒUR DE JÉSUS ET LE SAINT CŒUR DE MARIE** estampés en relief au milieu d'une dentelle en forme de cœur.

23. **CORBEILLE DE ROSE, LIS ET MYOSOTIS** au milieu de la même dentelle.

22. **ECCE PANIS ANGELORUM.** — Au milieu d'une guirlande de vigne et de blé, un calice surmonté de l'hostie.

24. **PAYSAGE.**

25. **CHAPELLE** entourée de roses.

26. **LA HARPE.**

27. **L'ENCENSOIR.**

28. **LA LAMPE.**

29. **LE CALICE.**

30. **LE SAINT CIBOIRE.**

31. **L'AUTEL.**

32. **LE RELIQUAIRE.**

33. **LE CANDELABRE.**

34. **L'OSTENSOIR.**

35. **L'ORGUE.**

36. **LA FONTAINE JAILLISSANTE.**

37. **ELLE EST MON BOUCLIER.** — La croix sur un bouclier.

38. **EUCHARISTIE.** — Au milieu d'une vigne touffue qui s'élève d'entre les épis, une croix, sur laquelle est placé un calice.

39. **RELIQUAIRE GOTHIQUE.**

40. **AGNEAU PASCAL** rayonnant au milieu d'une croix autour de laquelle grimpe une vigne chargée de raisins.

42. **MARGUERITE.** — Gros bouquet.

43. **ELLE A BEAU SE CACHER, SON PARFUM LA TRAHIT.** — Bouquet de violettes.

44. **PRÈS D'ELLE JE PENSE A VOUS; A SES PIEDS, NE M'OUBLIEZ PAS.** — Deux pensées sur une croix entourée de myosotis.

45. **PENSÉES.**— Gros bouquet.

46. **RAISIN ET BLÉ.** — Gros bouquet.

41. **PENSEZ-Y BIEN.** — Quatre petits médaillons représentant la mort, le jugement, le ciel et l'enfer chacun d'eux est recouvert par une pensée. — *Prix la douzaine, 3 fr.*

650. **LE CALICE,** *emblème de la communion fervente.* — Un calice entouré d'une couronne d'épines et surmonté d'un médaillon rond, sur lequel est représenté Notre Seigneur en croix; en soulevant le médaillon et le calice, on aperçoit saint Jean appuyé sur l'épaule de Notre Seigneur. Sur le calice est une petite vignette représentant Notre Seigneur au jardin des Oliviers.

665. **BARQUE DE PIERRE.**—L'Église, représentée par une barque, a pour *pilote visible* saint Pierre, pour *pilote invisible* N. S. Jésus-Christ, que l'on aperçoit au gouvernail en soulevant la voile. — *Prix : la douzaine en noir, 2 fr.; en couleur, 3 fr. 50.*

PERSPECTIVES MOBILES. — Au milieu d'une chapelle dorée est un enfant Jésus, une madone, un saint ou une sainte. Au moyen d'une combinaison ingénieuse du découpage, ces images se décomposent en trois plans bien distincts et présentent à l'œil de l'enfant un petit monument qui se tient debout de lui-même; *quand elles sont repliées, ces images ne tiennent pas plus de place dans un livre que deux images ordinaires.*

Surprises pliées sous enveloppes.

Ces surprises, gravées sur acier, sont destinées aux petits présents que les personnes pieuses aiment à se faire entre elles à l'occasion des fêtes ou du jour de l'an.

1° **NEUF SURPRISES GRAVÉES**, renfermées indistinctement dans quatre enveloppes aux suscriptions suivantes :

SOUVENIR DE COMMUNION.

Les grâces de la communion sont les arrhes de la vie éternelle.
(Saint Vincent de Paul.)

SAINT RENDEZ-VOUS.

En Jésus si nous nous aimons, au ciel nous nous retrouverons.

SOUVENIR DE RECONNAISSANCE.

Vos tendres soins et vos douces bontés
Dans mon cœur attendri sont à jamais gravés.

SOUVENIR D'AMITIÉ.

D'une amitié sainte et fidèle
En Jésus nous trouvons le plus parfait modèle.

Titres des neuf surprises.

N° 1. CANTIQUE DU CŒUR.

Dans la douleur et dans la peine, dans la joie et dans le bonheur
Toujours l'âme chrétienne bénit la main du Seigneur.

N° 2. ARBRE DE VIE.

Ne jugez pas sur l'apparence,
C'est au fruit seulement que l'arbre se connaît.
L'arbre de la science
Nous a donné la mort par son perfide attrait.

N° 3. MANNE CACHÉE.

Si dans mon petit message
De la mysticité j'emprunte quelques traits,
C'est pour parler le langage
Des parfaits avec les parfaits.

N° 4. FLEURS MYSTIQUES.

D'autres auteurs
Ont fait parler aux fleurs
Le langage de l'amitié;
Moi je veux, dans ce message,
Leur faire parler le langage
De l'aimable piété.

N° 5. FEU SACRÉ.

Plus puissant que le feu des anciens sacrifices,
Le zèle que l'on puise au Saint Cœur de Jésus
Est un feu dévorant qui consume les vices,
Est un feu bienfaisant qui mûrit les vertus.

N° 6. SECRET DÉVOILÉ.

Ne soupçonnez point ce message
De cacher quelque trahison.
Sa seule indiscrétion
Est d'offrir à vos yeux votre fidèle image.

N° 7. LUMIÈRE ET VIE.

J'ai levé mes regards vers la sainte montagne
D'où je puis seulement attendre le secours.
Si je veux que la grâce en tout lieu m'accompagne,
En présence de Dieu je dois marcher toujours.

N° 8. ONCTION DE LA CROIX.

Celui qui de la Croix comprendra les leçons
N'y trouvera que paix et bénédiction.

N° 9. ROSÉE CÉLESTE.

Heureuse la terre bénie Que tous les jours arrose cette pluie

Ces neuf surprises se développent en 3 tableaux qui présentent chacun un sens complet; elles sont combinées de telle façon qu'elles peuvent être mises en couleur et se rapporter aussi bien qu'en noir, *ce qui n'a jamais été obtenu dans aucune surprise de ce genre.*

Les enveloppes sont dentelées et entourées d'un filet d'or.

Prix de la douzaine en noir . .	2 fr.	50
— — en couleur .	4	50

Mystère dévoilé.

SURPRISE SPÉCIALE POUR LE TEMPS DE NOEL

en cinq tableaux :

1° Titre.

2° On verra de Jessé s'élever une tige. (*S. Joachim et Se Anne.*)

3° Et de cette tige une fleur. (*Vierge immaculée.*)

4° D'une Vierge féconde on verra le prodige. (*Annonciation.*)

5° Et d'elle naîtra le Sauveur. (*Nativité.*)

Cette surprise contenue dans une enveloppe avec paysage. Prix : la douzaine, 5 fr.

La semaine dans l'étable.

Surprise en 7 médaillons se développant en forme de croix et ne faisant, quand ils sont repliés, qu'une seule image dentelée.

Adoration de l'enfant Jésus, avec les saints Anges, Marie et Joseph, les Patriarches, les Prophètes, les Bergers, les Mages, les Justes.

Prix : la douzaine, 5 fr.

Album des âmes pieuses.

SURPRISE EN CINQ TABLEAUX.

1° Le titre.

2° Origine de la dévotion au Sacré-Cœur.

3° Culte du Sacré-Cœur.

4° Grâces que le Sacré-Cœur procure aux hommes.
5° Hommage que le Sacré-Cœur rend à Dieu.

Prix : sans enveloppe. . . la douzaine, 4 fr.
Avec enveloppe. . . — 5

LES PREMIERS PAS DU CHRÉTIEN, ou cachet *portatif* de baptême, première communion et confirmation.— *Surprise en quatre tableaux* allégoriques, *avec texte en forme de petit livre, terminé par un* Mémorial de l'enfance chrétienne, *ou tableau indiquant les dates de la naissance, du baptême, etc.*

1° Naissance. — L'enfant exposé sur le fleuve de la vie. Ses premiers protecteurs : sa mère, Marie, l'Ange gardien, l'Église.

2° Baptême. — L'enfant reçu dans la barque de Pierre, ou le vaisseau de l'Église.

3° Éducation du premier age. — Premier enseignement de la mère : la prière ; premier livre : le livre de la nature. Les enseignements : la reconnaissance envers Dieu, le travail, l'obéissance. Premier écueil : le mauvais exemple.

4° Première confession ou première réconciliation avec Dieu.—L'enfant purifié dans le bain salutaire de la pénitence.

Première communion.—La cène, ou la première participation au sacrement de l'Eucharistie.

Confirmation. — Le jeune chrétien s'embarquant pour la première fois sur la mer du monde. Provisions du voyage, ou dons du Saint-Esprit.

Images dites sensitives.

PEINTURES SOIGNÉES SUR PAPIER DE RIZ
ENTOURÉES DE DENTELLES.

Prix : la douzaine, 12 *fr.*

Nous pouvons fournir dans ce genre tous les sujets de notre collection compris sous le titre général de VIGNETTES, pourvu toutefois que ces sujets ne soient pas trop compliqués.

Les préférés sont les nos 653, 655, 607, 677, 680, 679, 774, 774 *B.*, 778, 778 *B.*, 781, 782 *B.*, 785, 787, 787 *C.*, 794 *D.*, 811, 816, 834, 838, 852, 853, 854, 884, 876, 939, 945, 944, 953, 960, 983.

Paillettes.

Nous avons perfectionné d'une manière tout à fait spéciale ce genre de fabrication; outre la *richesse* et la *bonne ordonnance* des ornements, nous pouvons en garantir la SOLIDITÉ.

Nous fournissons avec paillettes toutes nos images dentelées, noires ou coloriées, en ajoutant à leur prix ordinaire 3 fr., 3 fr. 50 et 4 fr. par douzaine.

Rideaux.

Ces images destinées aux enfants sont entourées de dentelles; au milieu de rideaux en soie, gaze, mousseline ou papier de riz, on aperçoit un enfant Jésus, une madone ou un saint.

Prix : 6 fr. la douzaine.

Emblèmes et bouquets

SUR MOIRE, PAPIER DE RIZ, BRISTOL, PARCHEMIN, BOIS, IVOIRE, NACRE, ETC.

Dans cette collection rentrent tous les sujets gracieux peints à la main et enrichis de devises pour les fêtes, les étrennes, les dons de reconnaissance, d'amitié et de bon souvenir.

Nous en possédons un nombre infini qu'il nous est impossible d'énumérer ici.

Les prix sont pour chaque douzaine de 13 images :

Moire ou papier de riz, suivant le fini du travail : 0 fr. 60, 0 75, 2 50, 7, 9, 12, 36 fr.

Bristols : 2 fr. 50, 5, 7, 12, 20, 25, 60 fr.

Parchemins : sans dentelle, 9 fr ; avec dentelle, 12 fr.

Bois : avec dentelle, 9 fr.

Ivoire et nacre : avec dentelle, 48, 60 fr. la douzaine.

CHAPITRE V.

CACHETS

De Baptême, Communion, Confirmation, Ordre, Mariage, Prise de voile.

145. **SOUS LES AUSPICES DE MARIE.** — *Souvenir de ma première communion.* — Cachet de première communion pour garçons et filles, gravé sur acier, suivi d'un règlement de vie *typographié.* — *Haut.* 0,45, *larg.* 0,31.

Le cent de feuilles. . . . . 12 fr.

146. **SOUS LES AUSPICES DE MARIE.** — *Souvenir précieux.* — Cachet pour filles et garçons, gravé sur acier, avec règlement de vie *typographié. Même gravure* que le précédent, avec un autre texte.

Le cent de feuilles. . . . . 12 fr.

147. **CACHET** de communion et confirmation, en une seule image, *gravé sur acier,* garçons et filles. — (*Style gothique.*) — *Haut.* 0,46, *larg.* 0,31.

Le cent de feuilles. . . . . 12 fr.

155. **CACHET** de baptême, communion et confirmation. — Les trois sujets réunis pour garçons et filles. — *Haut.* 0,49 *sur* 0,33. Très-belle gravure sur acier (styles mêlés).

Le cent de feuilles 25 fr.; avec teinte et filet or, 40.

157. **CACHET DE COMMUNION** pour filles (*gravure sur acier.*) — *Haut.* 0,35, *larg.* 0,27.

157 *B.* **CACHET DE CONFIRMATION** pour filles, *mêmes dimensions.*

Le cent de feuilles. . . . . 12 fr.

157 et *B. Les mêmes* réunis sur la même feuille. — *Haut.* 0,49 sur 33.

Le cent de feuilles. . . . . 15 fr.

158. **CACHET DE COMMUNION** pour garçons, *gravure sur acier.* — *Haut.* 0,35, *larg.* 0, 27.

158 *B.* **CACHET DE CONFIRMATION** pour garçons (*mêmes dimensions*).

Le cent de feuilles. . . . . 12 fr.

158 et *B. Les mêmes* réunis sur la même feuille. — *Haut.* 0,49.

Le cent de feuilles. . . . . 15 fr.

159. **CACHET DE COMMUNION** pour filles et pour garçons, *gravure sur acier*, pl. à 4 sujets. — *Haut.* 0,45, *larg.* 0,31.

Le cent de feuilles. . . . . 10 fr.

160. **CACHET DE COMMUNION ET DE CONFIRMATION** pour filles et garçons. *Sujet gothique, gravure sur acier.* (Les 2 sujets contenus dans la même image) *Haut.* 0,45, *larg.* 0,31.

Le cent de feuilles. . . . . 15 fr.

161. **CACHET** de baptême, communion et confirmation gothique pour demoiselles, *gravure sur acier* (les 3 sujets réunis). — *Haut.* 0,31, *larg.* 0,45.

161 *bis*. Le *même* pour garçons.
Le cent de feuilles. . . . . 15 fr.

168. **CACHETS** de communion gravés sur bois, 2 sujets sur la feuille (filles et garçons). — Dimension de la feuille 0,49-0,33.
Le cent de feuilles . . . . 10 fr.

169. **CACHET** de communion pour garçons (*gravure sur acier*). — *Haut*. 0,36, *larg*. 0,28
Le cent de feuilles. . . . . 12 fr.

169 *B*. *Le même* pour demoiselles.

169 et *B*. Les deux sujets réunis sur la même feuille, format du papier 0,49-0,33.
Le cent de feuilles . . . . 20 fr.

186. **CACHET** de communion pour garçons, *gravure sur acier*. — *Haut*. 0,36, *larg*. 0,28.
Le cent de feuilles. . . . . 12 fr.

Autre tirage, 0,46, *larg*., 0. 31.
Le cent de feuilles . . . . 15 fr.

186 *B*. Le *même* pour demoiselles.

186 et *B*. Les deux sujets sur la même feuille, format du papier 0,49 sur 0,33
Le cent de feuilles . . . . 20 fr.

2516. **CACHET** de **BAPTÊME.**

2513. **CACHET** de 1re **COMMUNION**, pour filles.

2512. **CACHET** de 1re **COMMUNION** pour garçons.

2515. **CACHET** de **CONFIRMATION** pour filles.

2514. **CACHET DE CONFIRMATION** pour garçons.

2517. **MARIAGE.**

2518. **ORDINATION.**

2519. **PRISE DE VOILE.**

Ces huit derniers sujets sont lithographiés sur teinte et ornés d'un entourage architectural en deux tons. —Format du papier : *Haut.* 0,49, *larg.* 0,33.

Prix : le cent. . . . . 25 fr.

Voir aux vignettes, les nos 59 *B*, *C*, *D*; 176 *A-B*, 48 *H*, 748 *L*, et aux feuilles, les nos 373 et 401.

Patentes, — Souvenirs d'admission dans les Confréries.

2529. **ELLE EST NOTRE MÈRE.** — *Lithog. sur Chine. Haut.* 0,48 1/2 *sur* 0,35.

Au ciel la sainte Vierge, couronnée, revêtue d'un riche manteau étoilé, qu'elle étend sur de jeunes filles et de jeunes gens qui lui offrent des lis et des roses.

2540. **LOUÉ, AIMÉ, ADORÉ** soit à jamais N. S. dans le Saint-Sacrement de l'autel.— *Lithog., haut.* 0,31 *sur* 0,22. Cachet d'admission dans les confréries du Saint-Sacrement.

Prix sur blanc, le cent de feuilles. . 50 fr.
— chine . . . . 75 fr.

3016. **CONSÉCRATION A LA SAINTE VIERGE.** — *Très-belle gravure au burin.*

Dimensions du dessin, non comprises les marges. — *Haut.* 0,26, *larg.* 0,18 1/2.

Le cent de feuilles sur blanc. . . . 75 fr.
— chine . . . 100 fr.

Ce beau sujet est le seul de ce genre qui soit véritablement remarquable pour la composition et la gravure. Deux jeunes filles, habillées de blanc et entourées de leurs compagnes, se tiennent à genoux au pied de l'autel de la sainte Vierge. L'une élève de ses deux mains un cœur, tandis que l'autre, un cierge à la main, lit l'acte de consécration. A gauche de l'autel, se tient le pasteur dans l'attitude de la prière. Aucun détail n'a été négligé. On a même représenté la bannière de la confrérie.

177. **CACHET DE CONSÉCRATION A LA SAINTE VIERGE.** — Consécration de jeunes gens à la Vierge immaculée, sous les auspices de saint Louis de Gonzague, — suivie d'une prière. — *Haut.* 0,31, *larg.* 0,22.

Le cent de feuilles. . . . . 10 fr.

166. **ORATIO SODALITATIS. CONSÉCRATION A LA TRÈS-SAINTE VIERGE.**—*Haut.* 0,45, *larg.* 0,31.

Le cent de feuilles. . . . . 12 fr.

162. **FORMULA PRO SODALIBUS SANCTORUM ANGELORUM.** — *Haut.* 0,45, *larg.* 0,31.

Le cent de feuilles. . . . . 12 fr.

156. **SOUVENIR DES ENFANTS DE MARIE.** — Voilà votre Mère ! — *Haut.* 0,31, *larg.* 0,22.

Le cent de feuilles. . . . . 10 fr.

150. **MONTREZ-VOUS NOTRE MÈRE !** — Souvenir de consécration à la sainte Vierge pour jeunes filles.

149. **MONTREZ-VOUS NOTRE MÈRE.** — Même sujet que le précédent pour jeunes gens.

148. **MONTREZ-VOUS NOTRE MÈRE !** — Souvenir de

réception dans la congrégation de la très-sainte Vierge (mères de famille). — *Haut.* 0,31, *larg.* 0,22.

Le cent de feuilles. . . . . 10 fr.

LES SAINTS ÉVANGILES.

COLLECTION DE 86 SUJETS GRAVÉS SUR CUIVRE.

Ces planches qui font partie d'une ancienne collection autrefois célèbre, forment un tout complet et comme une concordance pratique entre les quatre Évangélistes. Dimension de la gravure : 0,14 1/2 sur 0,9. Dimension du papier : 0,22 sur 0,15 1/2.

Le cent de feuilles. . . . 6 fr.

1900. S. Mathieu.

1901. Il paraît un grand prodige — *Immaculée.*

1902. Epiphanie. — Adoration des Mages.

1903. Fuite en Egypte. — Joseph prit l'enfant et sa mère et s'enfuit en Egypte.

1904. Tentation. — Retire-toi, Satan !

1905. Bienheureux les miséricordieux.

1906. Vous ne tuerez point.

1907. Considérez les oiseaux du ciel.

1908. Jésus étendant la main, toucha ce lépreux.

1909. Il commanda aux vents et à la mer.

1910. Le paralytique. — Levez-vous, dit-il, prenez votre lit et marchez.

1911. Fille de Jaïre ressuscitée.

1912. Les disciples de Jean-Baptiste. — Allez raconter à Jean ce que vous avez vu.

1913. Pêche miraculeuse. — Jésus monta dans une barque, etc.

1914. Investiture de S. Pierre. — Je vous donnerai les clefs, etc.

1915. Transfiguration. — Jésus prit avec lui Pierre et Jacques, etc.

1916. Parabole. — Rends-moi ce que tu me dois.

1918. Tous ensemble criaient.

1919. Je vous dis en vérité: Si vous avez de la foi, etc.

1920. Le denier de César. — Rendez à César ce qui est à César, et à Dieu ce qui est à Dieu.

1921. Vous aimerez Dieu de tout votre cœur.

1922. Je vais vous envoyer des prophètes.

1923. Ils verront le Fils de l'homme, etc.

1924. Parabole. — Les vierges folles.

1925. Investiture des Apôtres. — Allez donc et instruisez tous les peuples.

1926. S. Marc.

1927. Guérison du sourd-muet. — Ses oreilles furent ouvertes.

1928. Institution de l'Eucharistie.

1930. Prière de Jésus au Jardin des Olives.

1931. Jésus est amené devant la synagogue. — Alors le grand-prêtre déchira ses vêtements.

1932. Flagellation.

1933. Jésus est descendu de la croix.

1934. Sépulture de Jésus.

1935. Les saintes Femmes au tombeau.

1936. Ascension. — Et après que le Seigneur Jésus leur eut parlé, il fut élevé dans le ciel.

1937. S. Luc.

1938. Le Saint-Esprit surviendra en vous.

1940. Circoncision.

1941. Présentation de Jésus au Temple.

1942. Prophétie de Siméon.

1943. Jésus au milieu des docteurs.

1945. Pêche miraculeuse.

1946. Résurrection du fils de la veuve de Naïm.

1947. Parabole des semences.

1948. Le samaritain charitable.

1949. Jésus chez Marthe et Marie.

1950. Jésus chasse un démon qui était muet.

1951. Est-il permis de guérir, le jour du sabbat?

1952. Parabole du roi qui célèbre les noces de son fils. — Amenez ici les pauvres, les estropiés.

1953. Parabole de l'enfant prodigue.

1954. Parabole de Lazare et du mauvais riche.

1955. Guérison des dix lépreux.

1956. Guérison de l'aveugle.

1957. Jésus chasse les marchands du Temple.

1958. Parabole du figuier.

1959. Les disciples d'Emmaüs.

1960. Incrédulité de saint Thomas.

1961. Saint Jean.

1962. Nativité de N. S. — Le Verbe a été fait chair.

1963. Je suis la voie.

1964. Noces de Cana.

1965. — Si un homme ne renaît de l'eau, etc.

1966. Centurion. — Seigneur, venez avant que mon fils ne meure.

1967. Celui qui me suit ne marche point dans les ténèbres.

1968. Tant que je suis dans le monde.

1969. Je suis le bon pasteur.

1970. Lorsque le consolateur sera venu.

1971. Je m'en vais à celui qui m'a envoyé.

1972. Vous serez dans la tristesse.

1973. Si vous demandez quelque chose à mon père en mon nom, il vous l'accordera.

1974. Approchez votre main de mon côté.

1975. Et celui-ci, Seigneur.

SUJETS D'ENCADREMENT.

Toutes les mesures sont indiquées sans y comprendre les marges qui sont toujours proportionnées aux sujets.

Pour tous les sujets au-dessus de 1 fr. 50 la feuille, nous accordons sept épreuves pour six.

Lithographies.

(*Série à* 0,75 *c.*)

2511. **CHRIST EN CROIX** entouré d'anges, d'après Lebrun. — *Lithog. sur chine.*

2520. **IMMACULÉE,** d'après Murillo. — *Lithog. sur chine. Haut.* 0,39, *sur* 0,26.

2500. **SAINT ET IMMACULÉ CŒUR DE MARIE.**—*Lithog. sur chine, pendant du* 2501. *Haut.* 0,53, *sur* 0,35. — La très-sainte Vierge debout dans les nuages sur un croissant, la tête entourée d'étoiles; de chaque côté un ange en adoration. Autour du sujet, un encadrement rustique mêlé de lis et de roses.

2501. **SACRÉ-CŒUR DE JÉSUS.** — *Lithog. sur chine, pendant du* 2500. *Haut.* 0,53, *sur* 0,35. — Autour du sujet un encadrement rustique mêlé de vigne et d'épis.

2502. **VERA EFFIGIES SACRI VULTUS DOMINI NOSTRI JESU CHRISTI.** — Sainte Face. — *Lithog. sur chine. Haut.* 0, 28 1/4, *sur* 0 41 1/2.

Gravures et lithographies.

(*Série à* 1 *fr.* 50.)

2506. **Mgr AFFRE** mort exposé sur son lit de parade. — *Lithog. sur teinte. Haut.* 0,20, *larg.* 0,44,

2507. **Mgr AFFRE** sur son lit de mort. — *Lithog. sur teinte. Haut.* 0,30, *larg.* 0,45.

3000. **ECCE ANCILLA DOMINI** (Buste). — *Gravure aqua-tinta, pendant du* 3001. — *Haut.* 0,22 1/2 *sur* 0,18. — La sainte Vierge, les yeux modestement baissés, la main droite posée sur son cœur.

3008. **IMMACULÉE CONCEPTION**, d'après l'image donnée par le saint Père à NN. SS. les évêques, le jour de la proclamation du dogme. — *Gravure aqua-tinta. Haut* 0,45, *sur* 0,16 1/4.— La sainte Vierge, les mains jointes dans une attitude modeste, écrase la tête du serpent ; sous ses pieds, le globe et un croissant lumineux.

2503. **JÉSUS BÉNISSANT LES ENFANTS.** — *Lithog. sur teinte, pendant des* 2504-2505. *Haut.* 0,32 *sur* 0,41.

2504. **JÉSUS GUÉRISSANT LES MALADES.** — *Lithog. sur teinte, pendant des* 2503-2505. *Haut.* 0,32 *sur* 0,41.

3009. **JÉSUS, SAUVEUR DU MONDE.** — *Gravure aqua-tinta, pendant du* 3008. *Haut.* 0,25, *sur* 0,18 1/2. — Notre Seigneur debout sur les nuages tient d'une main sa croix, de l'autre sa couronne d'épines.

3011. **SAINT JOSEPH** et l'Enfant Jésus, en pied. — *Gravure aqua-tinta. Haut.* 0,25, *sur* 0,18 1/2.

3012. **MARIAGE DE LA SAINTE VIERGE.** — *Gravure au trait, sans fond (mi-corps).*

2505. **PREMIER MIRACLE DE JÉSUS AUX NOCES DE CANA.** — *Lithog. sur teinte, pendant du* 2503-2504. *Haut.* 0,32 *sur* 0,41.

3002. **SAINTE FAMILLE,** d'après Murillo. — *Gravure aqua-tinta. Haut.* 0,23 *sur* 0,18 1/2. — Sur les genoux de la sainte Vierge, l'Enfant Jésus endormi ; saint Joseph les contemple.

2506. Mgr **MARIE-DOMINIQUE-AUGUSTE SIBOUR.** — — *Portrait lithog. sur chine. Haut.* 0,36 *sur* 0,28.

3001. **VENITE AD ME OMNES,** et ego reficiam vos, *pendant du* 3000. — *Haut.* 0,22 1/2 *sur* 0,18. — Notre Seigneur nous appelle à lui.

Gravures et lithographies.

(*Série à 2 fr. 50.*)

3014. **LES CARESSES DE JÉSUS**, d'après Fra Bartolomeo. — *Gravure au burin, pendant du* 3015. *Haut.* 0,31 *sur* 0,25 1/4. — Groupe gracieux formé par l'enfant Jésus et saint Jean sous les yeux de la sainte Vierge et de saint Joseph.

2535. **COURAGE, MON ENFANT.** — Le Seigneur a envoyé ses anges pour vous préparer la voie ; ils vous soutiendront de leurs mains de peur que vous ne heurtiez le pied contre une pierre. — *Au milieu d'un chemin difficile un jeune pèlerin appuyé d'une main sur un bâton terminé par une croix, est soutenu de l'autre côté par un ange; devant lui deux autres anges écartent les pierres qui pourraient entraver sa marche. — Lithog. sur chine. Haut.* 0,49 *sur* 0,37.

2550. **SAINT DOMINIQUE.** — (*Buste*). *Lithog. sur chine, d'après le tableau du Louvre. Haut.* 0,46 *sur* 0,38 1/2.

3003. **EXULTAVIT SPIRITUS MEUS.** — *Gravure aqua-tinta, pendant du* 3004. *Haut.* 0,29 *sur* 0,23. — La sainte Vierge, les mains croisées sur la poitrine, les yeux élevés au ciel. (Buste d'après Lebrun.)

2555. **SAINT FRANÇOIS D'ASSISES.** — (*Buste*). *Lith. sur chine. Haut.* 0,45 *sur* 0,32.

2553. **SAINT FRANÇOIS DE SALES.** — (*Buste*). *Lithog. sur chine. Haut.* 0,47 *sur* 0,36 1/2.

2545. **IL LEUR ÉTAIT SOUMIS.** — *Lithog. sur chine. Haut.* 0,49 *sur* 0,37. — Entre saint Joseph et la sainte Vierge, l'enfant Jésus debout les bras étendus.

3015. **JÉSUS DESCENDU DE LA CROIX,** d'après Augustin Carrache. — *Gravure au burin, pendant du* 3014, *Haut.* 0,31 *sur* 0,45. — Notre Seigneur mort appuyé sur les genoux de Marie. La sainte Vierge élève douloureusement ses regards vers le ciel ; la Madeleine soulève pieusement un des bras de N. S. et va y appliquer ses lèvres.

2554. **JÉSUS, MARIE, JOSEPH,** priez pour nous. — *Lithog. sur teinte, forme cintrée. Haut.* 0,55 *sur* 0,39. — L'enfant Jésus endormi dans les bras de la sainte Vierge. Auprès d'eux saint Joseph en méditation.

2528. **SAINT JOSEPH ET L'ENFANT JÉSUS.** — (*Bustes*). *Lithog. sur chine, pendant du* 2527. *Haut.* 0,48 *sur* 0,35. — Saint Joseph porte sur ses bras l'enfant Jésus ; son expression est pleine de douceur et de majesté. L'enfant Jésus tient les yeux élevés au ciel ; son attitude exprime la résignation à la volonté de son Père.

2539. **SAINT LOUIS DE GONZAGUE.** — (*Buste*). *Lith. sur chine d'après les meilleurs portraits qui existent. Haut.* 0,47 *sur* 0,37.

2560. **N.-D. DE LA SALETTE.** — Apparition aux deux bergers. — *Haut.* 0,44 *sur* 0,34. — Ce modèle, dessiné sur les indications du R. P. Sibillat, missionnaire de la Salette ; est généralement adopté comme le plus exact.

2527. **SAINTE MARIE MÈRE DE DIEU.** — (*Buste*). *Lithog. sur chine, pendant du* 2528. *Haut.* 0,48 *sur* 0,25. — L'enfant Jésus caresse sa divine Mère.

2549. **O MARIE CONÇUE SANS PÉCHÉ,** priez pour nous qui avons recours à vous. — *Haut.* 0,47 *sur* 0,34. — Au milieu des nuages et sur la boule du monde, la sainte Vierge debout, la tête ornée d'une couronne et entourée d'étoiles, les bras étendus et les mains rayonnantes, le pied sur la tête du serpent.

3004. **PATER IN ME EST.** — *Gravure aqua-tinta, pendant du* 3003. *Haut.* 0,29 *sur* 0,23. — Jésus adolescent, les yeux levés au ciel. (Buste d'après Lebrun.)

3006. **SACRÉ-CŒUR DE JÉSUS.** — (*Médaillon*). *Gravure au burin, pendant du* 3005. *Haut.* 0,34 *sur* 0,26 1/2.

2544. **SAINT STANISLAS KOSTKA.** — (*Buste*). *Lith. sur chine. Haut.* 0,47 *sur* 0,37. — Saint Stanislas soutient dans ses bras et contemple avec amour le saint Enfant Jésus tout rayonnant de lumières.

3005. **TRÈS-SAINT CŒUR DE MARIE.** — (*Médaillon.*) *Gravure au burin, pendant du* 3006. *Haut.* 0,34 *sur* 0,26 1/2.

2543. **SAINT VINCENT DE PAUL.** — *Lithog. sur chine. Haut.* 0,47 *sur* 0,37. — Buste imité du tableau du frère François.

2556. **VOUS QUI PASSEZ PAR CE CHEMIN,** regardez et voyez s'il est une douleur semblable à la mienne. — *Pieta. Lithog. sur chine, sujet cintré du haut. Haut.* 0,55 *sur* 0,40.

Lithographies.

(*Série à 4 fr.*)

2522. **L'ABIME DE DOULEURS,** d'après Arthur Roberts. — *Lithog. sur chine, pendant du* 2521 (*sujet cintré*). *Haut.* 0,45, *larg.* 0,40. — La sainte Vierge assise au pied de la croix soutient le corps affaissé de son divin Fils mort, pendant que saint Jean contemple avec douleur la couronne d'épines.

2523. Mgr **D. A. AFFRE,** archevêque de Paris, frappé mortellement à la barricade. — *Lithog. à deux teintes, Haut.* 0,47, *larg.* 0,39. — Ce terrible épisode a été reproduit et exécuté sur pierre, par Grenier. Le Gouvernement y a souscrit pour 300 épreuves.

2562. **APPARITION DE N. S.** à la religieuse de la Visitation, d'après le tableau original. — *Lithog. sur teinte, sujet cintré. Haut.* 0,54, *larg.* 0,38.

2547. **LES BREBIS** qui se tiennent toujours **PRÈS DE LEUR PASTEUR,** sont les plus privilégiées. — *Lith. sur chine. Haut.* 0,55, *larg.* 0,39. — Cette composition, inspirée par une des plus belles paroles de sainte Thérèse, est une image fidèle de la communion fréquente ; elle convient spécialement aux parloirs des communautés et aux salons des ecclésiastiques.

2548. **LA CHANANÉENNE** aux pieds de Notre Seigneur *Lithog. sur chine, sujet cintré. Haut.* 0,56 *sur* 0,39 1/2.

2552. **ECCE HOMO** (*buste*), d'après le Guide. —*Lithog. sur chine* (*ovale*). *Haut.* 0,56 *sur* 0,43, *pendant du* 2557. — Ce médaillon est reproduit du tableau du Louvre.

2537. **ECCE HOMO** — *Lithog. sur chine, pendant du 2538. Haut.* 0,59, *sur* 0,45. — Le Christ couronné d'épines, fléchit sous le poids de la croix ; cette magnifique tête est pleine de l'expression la plus douloureuse.

2525. **IMMACULÉE CONCEPTION.** — *Lithog. sur chine, pendant du 2526 Haut.* 0,49 1/2, *larg.* 35 1/2. — Cette estampe, copie de l'image donnée par le Saint-Père à NN. SS. les évêques, le jour de la proclamation du dogme à Rome, représente la sainte Vierge debout, sur le globe, les mains jointes, un pied sur la tête du serpent, la tête entourée d'étoiles lumineuses.

2526. **JÉSUS SAUVEUR DU MONDE.** — *Lithog. sur chine (ovale), pendant du 2525. Haut.* 0,51 1?2, *larg.* 0,35 1?2. — Le Sauveur debout, sur des nuages, tient d'une main sa croix, de l'autre sa couronne d'épines.

2546. **MARTHE ET MARIE,** — *sujet cintré,* composition de M. Zach.-*Lithog. sur chine.-Haut.* 0,55, *larg.* 0,39 1/2. — Ce sujet a rarement été traité avec autant de bonheur. L'expression du Christ est magnifique de douceur et de majesté ; Marie à ses genoux recueille ses paroles avec l'admiration et le respect le plus profonds.

2538. **MATER DOLOROSA.** — *Lithog. sur chine, pendant du 2537. Haut.* 0,59, *sur* 0,45.

2557. **MÈRE DE DOULEURS.** — *Lithog. sur chine (ovale), pendant du 2552, Haut.* 0,56 *sur* 0,43. — Ce médaillon est imité d'Augustin Carrache, c'est un des plus beaux pendants que l'on ait publiés pour la tête du Guide. — La sainte Vierge, au milieu des douleurs de la passion, conserve encore cette sérénité et cette douceur qui pouvaient seuls appartenir à la Mère du Sauveur.

2561. **MON AME EST TRISTE JUSQU'A LA MORT.** — *Lithog. sur teinte, sujet cintré. Haut.* 0,51, *sur* 0,35. — Notre Seigneur Jésus-Christ au jardin des Oliviers, prosterné la face contre terre; un ange lui présente le calice. Dans le lointain les Apôtres endormis. La pose du Christ est pleine de dignité.

2551. **N.-D. DE LA SALETTE,** *belle lithographie à deux teintes.* — *Haut.* 0,54, *larg.* 0,38. — Ce modèle, dessiné sur les indications de M. l'abbé Sibillat, missionnaire de la Salette, est généralement adopté comme le plus exact.

2532. **NOTRE SEIGNEUR JÉSUS-CHRIST** (Christ en croix).—*Lith. sur chine, sujet cintré. Haut.* 0,51 *sur* 0,41.

2559. **O MARIE,** conçue sans péché, priez pour nous, pécheurs.— *Lithog. à 2 teintes,* d'après un magnifique dessin de M. Hallez. *Haut.* 0,54, *larg.* 0,37.— La sainte Vierge, debout sur un croissant, pose le pied sur la tête du serpent que terrasse de sa croix l'enfant Jésus. Adam et Eve les contemplent en adoration.

2533. **PIERRE, M'AIMEZ-VOUS?** — *Sujet cintré. Lithog. sur chine. Haut.* 0,55, *larg.* 0,40. — Cette composition représente dignement le moment où Notre Seigneur charge S. Pierre de paître ses brebis; S. Pierre se tient à genoux dans l'attitude de la foi la plus vive.

2521. **LE PRÉLUDE DE DOULEURS,** d'après Arthur Roberts (*sujet cintré*). — *Lithog. sur chine. Haut.* 0,45, *larg.* 0,40, *pendant du* 2522. — Saint Joseph et la sainte

Vierge dans une attitude pensive semblent prévoir les mystères douloureux de la passion en contemplant l'Enfant Jésus qui tient une couronne d'épines.

2534. **PRIÈRE DU MATIN EN FAMILLE.** — *Lithog. sur chine. Haut.* 0,50 *sur* 0,37. — Charmant tableau d'intérieur ; la scène se passe à la campagne; le cultivateur avant de partir pour le travail, invoque le Dieu qui fait croître les moissons ; auprès de lui sont groupés ses enfants, sa femme et son vieux père.

2531. **SACRÉ CŒUR DE JÉSUS.** — *Lithog. sur chine, pendant du* 2530 (*ovale*). *Haut.* 0,57, *larg.* 0,43. — Notre Seigneur en buste; d'une main il montre son cœur brûlant d'amour ; de l'autre, qu'il tient ouverte, il semble appeler vers lui les hommes qu'il a sauvés.

2530. **TRÈS-SAINT CŒUR DE MARIE.** — *Lithog. sur chine, pendant du* 2531 (*ovale*). *Haut.* 0,57, *sur* 0,43.— La très-sainte Vierge montre son cœur tout embrasé et percé d'un glaive. L'expression de ce buste est pleine de douceur et d'onction.

2563. **SAINTE CATHERINE DE SIENNE**, copie authentique de la TÊTE PRÉCIEUSEMENT CONSERVÉE A SIENNE, *certifiée conforme par attestation du R. P. Jandel, maître général des Frères Prêcheurs.*

(*Série à* 5 *fr.*)

3013. **LE SAUVEUR EXPIRANT.** — Magnifique Christ gravé au burin d'après Augustin Carrache.-- *Haut.* 0,59, *larg.* 0,45, *non comprises les marges.*

CHAPITRE VIII.

RELIGION EN TABLEAUX.

Lithographies format du papier 0,43 1/2 sur 0,29 1/2.
Prix du cent. . . . en noir . . . . 15 fr.
— . . . en coloris . . . 25 fr.

Cette collection comprend les principaux faits de la vie de Notre Seigneur et tous les sujets qui peuvent servir à l'enseignement du catéchisme.

Soixante de ces sujets coordonnés avec soin sous la direction de M. l'abbé Gentil, ont été réunis en un Album précieux pour les catéchistes et les mères de famille, et qui contient tout ce qui est strictement nécessaire pour l'enseignement complet de la Religion catholique. Cet Album a été approuvé par NN. SS. les Evêques de Beauvais, Belley (actuellement archevêque d'Aix), Metz, Nevers, Montréal, et par feu Mgr Sibour, archevêque de Paris, *avec un texte approuvé par Mgr l'Evêque de Versailles*, et imprimé en caractères bien lisibles.

Bien relié en forte percale.

Chaque exemplaire, noir, . . 14 fr.
— doré sur plat noir, . . 16 fr.
— colorié . . 20 fr.
— doré sur plat, colorié . . 22 fr.

1° Sujets composant l'Album, placés dans l'ordre qu'ils y occupent :

2407. La création.

2414. Péché originel. — *Première promesse du Sauveur.*

2443. Noé et ses enfants sauvés du déluge. — *Figure des hommes sauvés par les mérites du Messie.*

2427. Abraham se préparant à sacrifier à Dieu son fils Isaac.—*Nouvelle promesse du Sauveur.*

2455. Prophétie de Jacob mourant, sur le Sauveur.

2453. Moïse, figure et prophète du Sauveur.

2473. Le roi David et les prophètes.

2408. Annonciation de *l'Incarnation du Fils de Dieu.*

2431. Naissance de Jésus-Christ.

2413. L'Enfant Jésus adoré par les Mages.

2403. Présentation *de Jésus au temple et* Purification *de la sainte Vierge.*

2475. Jésus au milieu des Docteurs.

2478. Baptême de N. S. Jésus-Christ.

2416. Vie publique et Miracles de Jésus-Christ.

2404. Entrée triomphante de Jésus à Jérusalem.

2424. Jésus instituant l'Eucharistie.

2401. Agonie de Jésus au Jardin des Oliviers.

2436. Jésus condamné à mort par Pilate.

2409. Jésus mourant sur la croix.

2412. Le corps de Jésus est mis dans le tombeau.

2452. Jésus ressuscité d'entre les morts.

2417. Ascension de Jésus-Christ.

2415. Jésus venant pour juger les vivants et les morts.

2439. La descente du Saint-Esprit sur les Apôtres.

2430. Les Apôtres se séparent pour aller annoncer l'Evangile à l'univers.

2423. L'Eglise triomphante, souffrante et militante.

2445. La Rémission des péchés. — *Jésus donnant à S. Pierre les clefs du royaume du ciel.*

2434. La résurrection de la chair; la vie éternelle. — *Le jugement dernier.*

2465. Foi. — *S. Pierre et S. Paul scellant la foi de leur sang.*

3463. Espérance. — *Job, modèle d'espérance.*

2460. Charité. — *S. François Xavier et S. Vincent de Paul.*

Commandements de Dieu.

2471. Un seul Dieu tu adoreras et aimeras parfaitement. — *Prière du matin et du soir en famille.*

2446. Dieu en vain tu ne jureras, ni autre chose pareillement. — *Le blasphémateur.*

2470. Les dimanches tu garderas, en servant Dieu dévotement. — *Repos et sanctification du dimanche.*

2433. Tes père et mère honoreras, afin de vivre longuement. — *Le jeune Tobie.*

2442. Homicide point ne seras de fait ni volontairement. — *Dieu maudit Caïn, meurtrier de son frère.*

2428. Luxurieux point ne seras de corps ni de consentement. — L'œuvre de chair ne désireras qu'en mariage seulement. — *Le feu du ciel descendant sur Sodome et Gomorrhe.*

2459. Biens d'autrui ne convoiteras pour les avoir injustement. — *Les chiens lèchent le sang d'Achab.*

2425. Faux témoignage ne diras, ni mentiras aucunement. — *Ananie et Saphire punis de leur mensonge.*

Commandements de l'Eglise.

2479. Les fêtes tu sanctifieras. — *Solennités de l'Eglise.*

2462. Les dimanches la messe ouïras. — *Le saint sacrifice de la messe.*

2477. Tous tes péchés confesseras. — *La confession annuelle.*

2481. Ton Créateur tu recevras. — *Communion pascale à Notre-Dame de Paris.*

2472. Quatre-Temps, Vigiles jeûneras. — *Jeûne de Jésus dans le désert.*

2456 Vendredi chair ne mangeras. — *Les sept frères Machabées martyrs.*

Péchés capitaux.

2447. Orgueil. — *Tour de Babel. — Dieu punit l'orgueil des hommes par la confusion des langues.*

2457. Avarice. — *Le mauvais riche.*

2467. Luxure. — *L'enfant prodigue réduit à garder les pourceaux.*

2468. Envie. — *Joseph vendu par ses frères.*

2469. Gourmandise. — *Esaü vend son droit d'aînesse à Jacob pour un plat de lentilles.*

2476. Colère. — *Massacre des Innocents.*

2480. La paresse. — *Le champ du paresseux est couvert par les épines.*

2474. La prière. — *La prière de Moïse obtient la victoire aux Juifs.*

Sacrements.

2485. Le Baptême.
2483. Confirmation.
2466. La Pénitence.
2482. Eucharistie.
2440. Extrême-Onction.
2486. Ordre.
2484. Mariage.

LA RELIGION EN TABLEAUX,

CATÉCHISME EN IMAGES.

Nouvelle édition portative.

Revue et perfectionnée.

Format : *Haut.* 0,24 ; *larg.* 0,16.

Cet album est presque semblable au précédent pour les compositions, mais beaucoup plus soigné d'exécution : il est accompagné du même texte.

Les prix sont :

L'exemplaire élégamment relié en percale :
Noir, 8 fr.; colorié, 12 fr.
Avec une reliure très-riche :
Noir, 12 fr.; colorié, 16 fr.

Sujets rentrant dans la même collection

non compris dans l'album.

2449. Assomption *de la très-sainte Vierge.*

2458. Assomption *de la sainte Vierge.*

2405. Baptême de Notre Seigneur. *S. Jean-Baptiste.*

2432. Le bon père.

2421. L'enfer.

2438. Immaculée *d'après* Murillo (*Imprimée d'abord sur demi-raisin*).

2444. Jésus ressuscitant.

2402. Lavement des pieds.

2410. Triomphe de l'âme juste au tribunal de Dieu.

2441. Mort du pécheur.

2461. Péchés capitaux.

2426. Le purgatoire.

2448. La reine de Saba.

2422. Souvenez-vous de sanctifier le jour du Seigneur.

2435. Transfiguration.

2451. Vierge immaculée.

2429. Vous adorerez le Seigneur votre Dieu.

2411. L'âme du juste remise par son bon ange.

CHAPITRE IX.

Galerie religieuse et morale.

Lithographies d'après de bons modèles, anciens et modernes.

130 pierres de cette collection bien connue ont été achetées à la maison Savary. — Haut. 0,49, larg. 0,33.

Le cent de feuilles. . .	en noir,	15 fr.
— —	en couleur,	25 »

1° Jésus.

2107. Adoration des Bergers.
2223. Adoration des Mages.
2128. Adoration du Cœur de Jésus.
2194. Les Anges saluant de leurs concerts l'Enfant Jésus.
2224. Apparition de Jésus à Marie Madeleine.
2233. Le bon Pasteur.
2205. La Cène.
2230. C'est moi ; ne craignez rien.
2210. Le Christ sauveur du monde.
2215. Descente de croix.
2144. Ecce Homo.
2228. Enfance de Jésus et de S. Jean Baptiste.
2167. Enfant Jésus et S. Joseph.

2178. L'enfant Jésus offrant des fleurs à sa sainte Mère.

2145. La fuite en Egypte.

2281. Il est mort pour nos péchés. — N. S. J.-C. sur la croix; au-dessous les Commandements de Dieu et de l'Eglise, le *Confiteor* et l'Acte de contrition.

2217. Incrédulité de S. Thomas.

2103. Jésus au jardin des Olives.

2188. Jésus au milieu des docteurs.

2121. Jésus et la Samaritaine.

2146. Jésus et la Vierge.

2139. Jésus et les disciples d'Emmaüs.

2111. Jésus explique la parabole des épis.

2134. Jésus frappant à la porte. — *Je me tiens à la porte et je frappe.*

2216. Jésus lavant les pieds à ses Apôtres.

2169. Jésus portant sa croix.

2113. Jésus rédempteur du monde.

2229. Lazare ressuscité.

2221. Rendez à César ce qui est à César.

2137. Repos en Egypte.

2245. Sacré Cœur de Jésus.

2489. Le Sacré-Cœur de Jésus (*Sujet gravé*).

2186. La sainte Face.

2127. Le saint jour de Noël.

2109. Le Sauveur marchant sur les eaux.

2214. Sépulcre de N.-S. Jésus-Christ.

2130. Transfiguration de N.-S. J.-C.

2° Marie.

2200. Assomption de la sainte Vierge.

2157. Le Couronnement de la Vierge.

2243. Immaculée Conception (*Gravure sur cuivre*).
2140. L'invocation à la Vierge
2133. Le Mariage de la sainte Vierge.
2101. Marie Mère du Sauveur.
2244. Mater dolorosa (*Gravure sur cuivre*).
2199. Médaille miraculeuse.
2227. Mère aimable! (*Sainte Vierge et Enfant Jésus.*)
2211. La Mère de douleur.
2150. La Mère de Jésus.
2179. La Mère du divin Jésus.
2100. N.-D. de la Salette.
2250. N.-D. de Liesse.
2400. N.-D. du Mont-Carmel.
2454. N.-D. du Rosaire.
2490. Le Saint-Cœur de Marie (*Sujet gravé*).
2209. Sainte Famille.
2156. La Salutation angélique.
2271. Très-saint Cœur de Marie.
2000. Vierge au Livre.
2122. La Vierge au Poisson.
2175. La Vierge consolatrice.
2161. Vierge du palais Bridge-Water.
2101. Vierge du palais Pitti.
2143. Vierge pleine de bonté.

3° Saints.

2158. S. Augustin (Conversion de).
2419. André Bobola.
2192. S. Antoine, *abbé*.
2437. Père d'Azevedo.
2242. S. Bruno (*sur acier*).

2155. S. François d'Assise.
2136. S. Georges.
2173. S. Jean-Baptiste.
2185. S. Jean-Baptiste.
2418. B. Jean de Britto.
2114. S. Jean l'Évangéliste.
2147. S. Joseph.
2273. S. Joseph, *Père nourricier de Jésus.*
2488. S. Louis de Gonzague en prière (*buste*).
2149. S. Luc, *évangéliste.*
2148. Saint Médard.
2125. S. Paul prêchant.
2131. Saint Pierre.
2110. Saint Vincent de Paul convertissant son maître.
2170. S. Vincent de Paul.
2237. S. Vincent Ferrier, patron des vignerons.

4° Saintes.

2172. Sainte Anne instruisant la sainte Vierge.
2168. Sainte Anne.
2492. Oh! l'heureuse Mère! Oh! la sainte Enfant! — *Sainte Anne instruisant la sainte Vierge.*
2203. Sainte Adélaïde.
2206. Blanche de Castille.
2138. Sainte Catherine (Mariage mystique de).
2126. Sainte Catherine d'Alexandrie.
2174. Sainte Catherine de Sienne.
2119. Sainte Cécile.
2197. Sainte Elisabeth de Hongrie.
2180. Sainte Eugénie.
2420. Bienheureuse Germaine Cousin.

2450. Bienheureuse Germaine COUSIN, filant de la main gauche (*cinq médaillons*).

2115. Sainte Isabelle (*Murillo*).

2120. Sainte Marguerite.

2191. Sainte Marie.

2234. Sainte Marie Madeleine.

2102. Marie Madeleine pénitente.

2012. Sainte Philomène.

2204. Sainte Philomène.

2132. Sainte Thérèse.

2225. Sainte Thérèse en extase.

5° Divers.

2116. Agar et Ismaël.

2218. L'Ange et l'Enfant.

2164. L'Ange gardien.

2198. L'Ange gardien.

2181. Monseigneur d'Apchon.

2105. L'aumône de l'invalide.

2160. L'aumône est sœur de la Prière.

2106. Le Benedicite.

2219. Le Bienfaiteur.

2184. Le bon Curé.

2135. La bonne fille.

2182. Les bons conseils.

2213. Le cardinal de Larochefoucault.

2151. La Chananéenne.

2238. La Charité.

2171. La Charité est la vertu des enfants.

2159. Confiance en Dieu.

2090. Crainte de Dieu. — *Bénédiction des travaux des champs.*

2176. Le dernier consolateur.
2241. La dernière ressource.
2208. Les derniers moments.
2153. Les derniers moments du juste.
2123. Douleur et Soulagement.
2118. Éliézer et Rebecca.
2117. Héli et Samuel.
2154. L'enfant adopté.
2129. Les enfants de chœur en prière.
2240. L'Enfant trouvé.
2163. Fénelon (*ramenant une vache à une pauvre famille*).
2183. La jeune aveugle.
2236. Jeune fille repentante.
2201. Marie-Thérèse d'Autriche.
2190. Le Médecin bienfaisant.
2202. La Mère convalescente.
2220. Mon Dieu ! je suis votre enfant.
2141. L'Orphelin de la ville.
2142. L'Orphelin du village.
2207. Le Pardon.
2196. Paresse et Travail.
2235. Prière à la Madone.
2165. La première prière.
2162. La prière.
2166. La prière des Orphelins.
2112. La Prière du soir.
2177. La Religion chrétienne.
2232. La Résignation. — *Le Seigneur nous éprouve ; que son saint nom soit béni !*
108. Retour de l'Enfant prodigue.

2187. Les saintes Femmes au tombeau.
2104. La Sœur des Anges.
2124. La Sœur de charité.
2212. Soins du jeune âge.
2226. Soyez charitables.
2193 Le vrai guide.

174. Mort de S. Joseph, *gravure sur acier.* — Haut. 0,24 1/2, larg. 0,16. Le cent sur blanc, 10 fr.; sur chine, 12.

175. Il vint à Nazareth. — Sainte Famille. — *Jésus occupé aux travaux d'intérieur.* — *Gravure sur acier.* — Haut. 0,24 1/2, larg. 0,16. Le cent sur blanc, 10 fr.; sur chine, 12.

173. Vierge à la Chaise, *d'après Raphaël.* — *Gravure sur acier.* — Haut. 0,24 1/2, larg. 0,66. Le cent sur blanc, 10 fr.; sur chine, 12.

172. Apparition de Jésus à Madeleine. — Hauteur 0,24 1/2, largeur 0,16. Le cent sur blanc, 10 fr.; sur chine, 12.

171. Notre Père qui êtes aux cieux. — *Gravure, sujet gracieux.* — Haut. 0,31, largeur 0,22. Le cent de feuilles, 10 fr.

170. Offrande à Marie. — *Gravure sur acier* (le n° 3, en est la réduction). — Haut. 0,31, larg. 0,22. — *Un jeune homme et une jeune fille présentent un lis à la sainte Vierge.* Le cent de feuilles, 10 fr.

165. S. Roch. — *Sujet gravé.* — Haut. 0,31, larg. 0,22. Le cent de feuilles, 10 fr.

163. N.-S. J.-C. Sauveur du monde. — *Jésus au*

milieu d'une auréole, tenant sa croix à la main. — 40 médaillons circonstanciés sont à l'entour, formant guirlande et cadre. — Haut. 0,31, larg. 0,22. Le cent, 10 fr.

Collection de 2 sujets à la feuille.

LITHOGRAPHIES.

Dimensions du papier, 0,49 *sur* 0,33.

Le cent de feuilles en noir. . . . . 15 fr.
— en couleur . . . . 25 fr.

2002. Porte du ciel.

2003. Reine des Anges.

2004. — 2005. S. Joseph avec l'Enfant Jésus. — Secours des chrétiens.

2006. — 2007. Ange de la famille. — *La maison.* — *Les champs.*

2008. — 2009. *L'espérance.* — La charité.

2010. — 2011. S. Paul. — S. Pierre.

2013. — 2014. La Vierge avec l'Enfant Jésus. — S. Joseph.

2015. — 2016. S. Barthélemy. — S. Jacques.

2017. — 2018. Immaculée Conception. — Visitation.

2019. — 2020. Jésus enfant. — Vierge enfant.

2021. — 2022. S. Vincent de Paul. — S. François Xavier.

2023. — 2024. Il nous donna l'exemple. — *Modèle d'humilité.*

2025. S^e Mère de Dieu (*Murillo, 2 sujets*).

2026. — 2027. Ave, maris Stella. — N.-S. J.-C.

2028. — 2029. S[e] Thérèse. — S[e] Amélie.

2031. — 2032. S. Louis, *roi*. — S. Ignace de Loyola.

2033. Pourrions-nous être insensibles? — Mon divin Maître ! (2 *Christs.*)

2034. S. Joseph. — Ange gardien.

2035. Vierge. — Christ.

2036. S. Dominique. — S. Antoine de Padoue.

2037. S[e] Anne. — Jésus avec un enfant.

2038. S[e] Marie Madeleine

2039. Immaculée Conception (*Rome*).

2040. Le Sauveur des hommes.—Mère de Miséricorde.

2041. Mère de Jésus. — Ecce Homo.

2042. Portrait de Jésus et de Marie.

2043. La Vierge Mère. — Jésus-Christ.

2044. Pie IX. — S. Patrick.

2046. Je me repose en lui. — Elle est ma mère.

2047. Mort de la Vierge.—Education dela Ste Vierge.

2048. S. Jean. — S. Michel archange.

2049. Immaculée.

2050. S[e] Victoire. — S[e] Julie.

2051. Sacré Cœur de Jésus. — Saint Cœur de Marie.

2052. S. Jacques. — S. Edouard.

2053. S. André. — S. Simon.

2054. Immaculée Conception (2 *sujets*).

2055. Christ frappant à la porte. — Sainte Madeleine.

2056. Sainte Mère de Dieu. — Oh ! ma Mère, gardez mon innocence.

2057. L'âme bien-aimée.

2058. S. Louis de Gonzague. — S. Stanislas.

2059. Mère de Jésus, *priez pour nous !* — Mère du Sauveur, *d'après Raphaël.*

2060. Très-saint Cœur de Marie. — Très-divin Cœur de Jésus.

2061. Christ. — La Vierge.

2062. Sainte Famille. — *Sainte Mère de Jésus.*

2063. Jésus rédempteur. — Jésus lumière du monde.

2064. Principauté de S. Pierre. — Jésus au jardin des Oliviers.

2065. Se Rose de Lima. — Se Scolastique.

2066. S. Philippe. — S. Luc.

2067. Bienheureux ceux qui pleurent. — Bienheureux les pauvres.

2068. Enfant prodigue. — Le jeune Tobie.

2069. S. Bernard. — S. Charles Borromée.

2070. Jésus au milieu des Docteurs. — Intérieur de Nazareth.

2071. Jésus tenant une gerbe. — Jésus tenant la boule du monde.

2072. Jésus notre guide. — Doux repos de l'âme.

2073. S. Luc. — S. Matthieu.

2074. N.-D. de Fourvières.

2075. S. Augustin. — S. Edouard.

2076. Vierge très-pure. — Immaculée.

2077. La sainte Famille. — Jésus notre père.

2078. S. Paul. — S. Pierre.

2079. Marie notre refuge. — Marie, guide de l'âme fidèle.

2080 Ange gardien. — Christ.

2087. S. Simon. — S. Matthieu.

2088. L'âme fidèle. — Ame pure.

2089. S. Benoît le Noir.

2091. N. D. des Victoires.

2094. Bon Pasteur. — Divine Bergère.
2095. Elle est notre espérance. —Vous êtes toute belle.
2096. N.-D. du Scapulaire. — N.-D. du Rosaire.
2097. N.-D. de Rocamadour.
2098. S. Thomas d'Aquin. — S. Dominique.
2248. Saint Louis de Gonzague et saint Stanislas.
2251. Sacré Cœur de Jésus. — Mère de douleurs.
2253. Heureuse l'âme. — Le pain que je donnerai.
2254. N.-D. du Scapulaire *et du profond abîme.*
2255. Cœurs de Jésus et de Marie.
2256. Saint Joseph. N.-D. du Rosaire.
2257. Se Rose de Lima. — Se Catherine de Sienne.
2258. S. Vincent Ferrier. — Se Philomène.
2262. Education de Jésus. — *Education de la sainte Vierge.*
2268. Sacré Cœur de Jésus.—Très-saint Cœur de Marie.
2269. *Vénérable* de la Salle.
2270. Deux Christs portant la croix.

Collection de 4 sujets à la feuille.

LITHOGRAPHIES.

Dimensions du papier : 0,49 *sur* 0,33.

Le cent de feuilles en noir. . . . . . 15 fr.
— en couleur. 25

2081. Se Adélaïde. — Se Mélanie. — Se Agathe. — Se Euphrosine.
2082. S. Pierre. — S. André. — S. André. — S. Simon.

2083. S. Barthélemy. — S. Paul. — S. Jacques. — S. Philippe.

2085. S. Jules. — S. Joseph. — S. Edouard. — S. Patrick.

2086. S. Matthieu. — S. Jean. — S. Marc. — S. Luc.

2093. Enfant Jésus (2 *sujets*). — Vierge (2 *sujets*).

2099. S. René. — S. Augustin. — S. Richard. — S. Antoine.

2252. Le bon Pasteur. — Divine Bergère. — S. Dominique. — S. François d'Assise.

2259. Gloire à Dieu. — Elle est aussi notre Mère. — Jésus et Marie. — Sainte Famille.

2261. S. Théodore. — S. Nicolas. — S. Sébastien. — S. Ambroise.

2263. S. Antoine de Padoue. — S. Augustin. — S. Bruno. — S. Charles Borromée.

2264 Se Rose. — Se Claire. — Se Catherine. — Se Thérèse.

2265. S. François de Sales. — Bienheureuse de Chantal. — N.-D. des Victoires. — Mère de grâce.

2266. Se Anne. — Se Gudule. — Se Christine. — Se Hélène.

2267. *Vénérable* de la Salle (4 *sujets*).

2272. Courage, mon enfant! — Le céleste protecteur.

2274. S. Joseph.—Se Marie.—S. Louis.—S. Stanislas.

2275. Communion de la Vierge. — Notre salut est dans ses bras. — N'avez-vous pas été ingrats. — Elle est la joie du juste.

2276. L'enfant prodigue. — Je suis la servante du Seigneur. — Ces trois cœurs n'en font qu'un. — La sagesse de Dieu était en lui.

2277. Il a vu tous nos maux. — Offrande à Jésus. — Prenez ma croix pour bouclier. — Venez tous à moi.

2278. Avec Marie consacrons-nous. — Qu'on est bien sous son aile ! — Aussi humble qu'obéissant. — Jésus, Marie, Joseph et la brebis fidèle.

2279. Entourez-moi de fleurs. — Dieu bénit les travaux de ceux qui l'aiment. — Le disciple de Jésus. — Dès l'enfance, il pensait aux choses du ciel.

2280. S. Louis de Gonzague, *modèle de la jeunesse* (4 *sujets*).

2282. Mon Jésus, je suis à vous ! — Il nous apporte le salut. — Venez tous à moi.

2283. La création. — Péché originel. — Déluge. — Abraham.

2284. Jacob mourant. — Moïse. — David. — Annonciation.

2285. Agonie de Jésus. — Jésus condamné. — Jésus mourant. — La sépulture de Jésus.

2286. Ascension. — Jésus jugeant. — Pentecôte. — Départ des Apôtres.

2287. Annonciation. — Ange gardien. — Angelus. — Seigneur, inspirez-moi.

2288. Immaculée romaine (4 *sujets*).

2030. Tout en Dieu (18 *sujets*).

2260. N. S. J.-C.. — Mère de Jésus. — Mère du Sauveur. — N.-D. du Rosaire. — S. Joseph. — Se Rose. — Se Philomène. — S. Vincent. — S. Antoine. — S. Dominique.

CHAPITRE X.

CANONS D'AUTEL.

Les dimensions sont indiquées sans y comprendre les marges. Nous ne donnons que celles du canon du milieu : celles des côtés sont nécessairement proportionnées.

Les prix sont indiqués pour les trois feuilles réunies sans les cadres.

Nous accordons le *treizième* sur chaque douzaine du même prix.

2702. **CANON** imprimé en trois couleurs, style roman. — *Dimensions du milieu : haut.* 0,20, *larg.* 0,34.
Le canon complet 2 50

Le *même canon*, en variant les combinaisons de couleurs, se reproduit de quatre manières différentes.

2706. **CANON** imprimé en bleu et argent pour chapelles de la sainte Vierge, ou en bleu et or, imitation de manuscrits; au milieu, N. S. sur la croix. — *Dimensions du milieu : haut.* 0,34, *larg.* 0,49 1/2.
Ce canon est imprimé en très-gros caractères.

Le même, imprimé en noir et argent, contient le texte disposé spécialement pour les messes de morts.
Le canon complet. 3 50

2705. **CANON GOTHIQUE** imprimé en huit couleurs;

au milieu, Saint-Pierre de Rome.—*Haut.* 0,24, *larg.* 0,34.

Le canon complet . . . . 4 fr.

2700. **CANON RICHE A FLEURS** sur teinte : au milieu, le Jéhova et l'agneau Pascal, impression en dix couleurs. — *Dimensions du milieu : haut.* 0,36 1/2, *larg.* 0,52.

Le canon complet . . . . 5 fr.

2700. *B. Le même* gauffré en relief. — Prix, 6 fr.

2701. **CANON GOTHIQUE** impression or, rehaussé à l'aquarelle. — *Dimensions du milieu : haut,* 0,35, *larg.* 0,51.

Le canon complet. . . . . 5 fr.

2701 *B. Le même* gauffré en relief. — 6 fr.

2707. **CANON** riche imité de manuscrits du moyen âge avec un texte imprimé en *très-gros caractères;* au milieu, notre Seigneur en pied élevant le calice ; son cœur enflammé paraît sur sa poitrine. Impression en neuf couleurs. — *Dimensions du milieu : haut.* 0,34, *larg.* 0,50.

Le canon complet, ... 6 fr.

2703. **CANON** très-riche et très-soigné, style mêlé, imprimé en onze couleurs; au milieu, sur un fond d'azur parsemé d'étoiles d'or, Notre Seigneur sur la croix; à ses pieds la mère de douleurs; de chaque côté deux anges adorateurs. Dans quatre médaillons placés autour, sont représentées : l'Annonciation, la Visitation, la Nativité et la Présentation.—*Dimensions du milieu : haut.* 0,43 1/2, *larg.* 0,58 1/2.

Le canon complet . . . . 12 fr.

2704. **CANON** gravé au burin sur acier, sur les dessins de M. T. Zach, représentant tous les principaux événements de la vie de Notre Seigneur et de la sainte Vierge dans 42 médaillons reliés ensemble par un élégant paysage.

Cette œuvre *unique* a été commencée en 1851 et terminée seulement en 1857.

Dimensions du milieu : haut. 0,47, *larg.* 0,72.

Impression sépia.	10 fr.
Colorié avec soin à l'aquarelle . . .	50

On peut recevoir le même canon avec un texte spécial pour les messes de morts.

CHAPITRE XI.

PHOTOGRAPHIE.

Cette collection se divise en plusieurs séries de prix ; on peut avoir les mêmes sujets dans les différents formats.

1° *Très-petit format* dont les prix seront indiqués ultérieurement

2° *Petit format :*	Sans dentelle la douz. .	4 fr.
	Avec dentelle — . .	5
	Bristol filet or, — . .	7
3° *Moyen format :*	Bristol filet or, la douz.	7 fr.

4° *Autre format :* Bristol filet or, la douz. 9 fr.

5° *Grand format :* Bristol filet or, la douz. 18 fr.

Ci-dessous un simple aperçu de notre collection, qui s'augmente chaquejour.

Assomption, d'après Murillo
La Cène.
Christ en croix, d'après Lebrun.
Christ au jardin des Olives, d'après Zach.
Ecce Homo, d'après le Guide.
Mater dolorosa, imitée de Carrache.
Descente de croix, d'après Rubens.
L'enfant prodigue.
Immaculée Conception.
Jésus descendu de la croix, d'après Augustin Carrache.
Jésus enfant bon pasteur, d'après Murillo.
Jésus guérissant les malades.
Jésus enfant, d'après Lebrun.
La sainte Vierge, d°
Mariage mystique de sainte Catherine.
Les noces de Cana.
Sacré-Cœur de Jésus.
Très-Saint Cœur de Marie.
Sainte Catherine de Sienne, reproduction authentique de la précieuse relique conservée à Sienne.
Sainte Catherine d'Alexandrie.
Saint Dominique.
Sainte Famille, d'après Murillo.
Sainte Famille, d'après Léonard de Vinci.
Sainte Famille, d'après Fra Bartholoméo.
Saint François d'Assises.

Saint Jean.
Saint Joseph.
Saint Stanislas Kotska.
Saint Vincent de Paul.
Stations du chemin de la Croix, reproduites d'après les bas-reliefs publiés par la maison.
Vierge à la chaise.

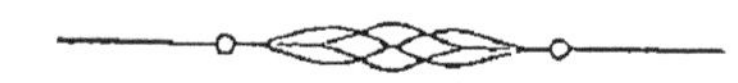

TROISIÈME PARTIE.

CHEMINS DE CROIX.

1° Estampes.

N° 1. JOLIE COLLECTION, GRAVURE NOIRE.

	fr.	c.
En feuilles. Haut. : 0,18, larg. : 0,14. . .	2	50
Encadrement façon palissandre. 0,27 sur 0,19	22	50
Cadre doré	27	50

— *Le même*, GRAVURE COLORIÉE.

En feuilles.	5	»
Encadrement façon palissandre	25	»
Cadre doré	30	»

N° 2. AUTRE COLLECTION, GRAVURE NOIRE.

En feuilles. Haut. : 0,22, larg. : 0,14. . .	4	50
Avec encadrement façon ébène, doucine dorée.	56	50
Avec encadrement façon ébène, filet or. . .	35	50
Avec cadres dorés.	70	50

	fr.	c.
— *Le même*, GRAVURE COLORIÉE.		
En feuilles	14	»
Avec encadrement façon ébène, doucine dorée.	66	»
Avec encadrement façon ébène filet or. . .	45	»
Cadres dorés.	80	»
N° 3. AUTRE COLLECTION, GRAVURE NOIRE TRÈS-SOIGNÉE.		
En feuilles. Haut. totale : 0,48, larg. : 0,33. .	45	»
Avec encadrement doré	140	»
— *Le même*, GRAVURE COLORIÉE.		
En feuilles	90	»
Avec encadrement doré	180	»
N° 4. AUTRE COLLECTION, LITHOGRAPHIE NOIRE.		
En feuilles. Haut. : 0,55, larg. : 0,35. . . .	15	»
Avec encadrement façon palissandre. . . .	85	»
— *Le même*, LITHOGRAPHIE COLORIÉE.		
En feuilles	30	»
Avec encadrement façon palissandre. . . .	100	»
N° 5. AUTRE COLLECTION, LITHOGRAPHIE NOIRE.		
En feuilles. Haut. : 0,49, larg. : 0,65 . . .	8	»
Avec encadrement façon palissandre. . . .	92	»
— *Le même*, LITHOGRAPHIE COLORIÉE.		
En feuilles	16	»
Avec encadrement façon palissandre. . . .	100	»
— sapin	70	»
N° 6. AUTRE COLLECTION, LITHOGRAPHIE NOIRE.		
En feuilles. Haut. : 0,90, larg. : 0,61 . . .	45	»
Avec encadrement doré.	135	»

	fr.	c.
Le même, **LITHOGRAPHIE COLORIÉE,**		
En feuilles avec ou sans fond noir.	90	»
Avec encadrement doré	280	»

2° Tableaux peints à l'huile sur toile.

Nous avons publié dans ce genre, deux collections : l'une est imitée de modèles connus ; l'autre est exécutée sur les compositions de M. Zach, chef de nos travaux artistiques.

Pour l'une et l'autre, nous nous sommes efforcés de mettre à profit les observations que nous recueillons chaque jour de la bouche des personnes compétentes, et nous espérons être arrivés, sinon à la perfection absolue, au moins à des résultats tout à fait satisfaisants.

Chacune de ces collections est reproduite dans les différentes dimensions dont suit le détail ; les prix fixés comprennent l'emballage : ils sont les mêmes pour les tableaux en largeur ou en hauteur.

	fr.	c.
TOILES de 5. — 39, sur 0,33	180	»
Avec encadrement doré	220	»
TOILES DE 10. — 0,50, sur 0,38	200	»
Avec encadrement doré	280	»

	fr.	c.
TOILES de 15. — 0,65, sur 0,50	230	»
Avec encadrement jonc doré	350	»
Bois sculpté rehaussé d'or	850	»
Moulure dorée. . . . . . , ...	400	»
TOILES de 25. — 0,81, sur 0.65	350	»
Avec encadrement doré	590	»
TOILES de 40. — 1,00, sur 0,81	500	»
Avec encadrement doré	850	»
TOILES de 60. — 1,30, sur 1,00	750	»
Avec encadrement doré	1300	»

Tableaux de forme ogivale spéciaux pour églises gothiques.

	fr.	c.
TOILES de 1 m. de haut. sur 0,60 de large. Encadrement gothique doré avec feuilles courantes en relief sur la moulure . . .	1200	»
TOILES de 1,28, sur 0,78. . . . . Encadrement gothique doré, feuilles courantes en relief sur la moulure	2000	»
TOILES de 1,90, sur 0,90. . . . . Encadrement gothique doré	3000	»

Tous ces tableaux sont exécutés avec soin ; mais pour les personnes qui désireraient y employer de plus fortes sommes, nous nous sommes assuré le concours d'artistes capables de satisfaire aux goûts les plus délicats.

Chemins de croix en grisailles.

Belle collection nouvelle d'un style tout à fait sévère. (Modèles exécutés par M. Tony Zach.)

Les 14 **TOILES ORIGINALES**. *Hauteur* 0,81, sur 0,65 de *largeur*; prix, sous réserve de la propriété artistique, non compris les cadres, 4000 fr.

Les copies de cette collection seront vendues dans les mêmes dimensions et aux mêmes prix que les toiles ci-dessus détaillées.

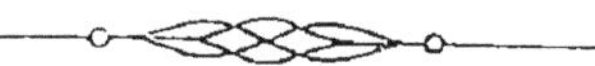

Pour paraître vers le 31 *mars prochain* :

CHEMIN DE CROIX en bas-relief, plastique imitant l'ivoire, exécuté avec le plus grand soin. — *Dimensions, y compris les cadres et la croix : hauteur* 0,70 *c.*, *largeur* 0,45 *c.* 800 fr.

Le même, avec cadres bronzés et sujets passés au vieil argent. . . . . 1000 »

Nous pourrons fournir ce Chemin de Croix avec des cadres de style *gothique*, *roman* ou *renaissance* suivant l'architecture des églises ou chapelles auxquelles on le destinera.

PETIT CHEMIN DE CROIX plastique imitant l'ivoire. — 14 cadres imitant l'ébène surmontés d'une croix en cuivre fondu et accompagnés d'une inscription en cuivre fondu ensemble . . . . 115 fr.

CHEMINS DE CROIX
en carton-pierre.

DE TOUTES FORMES, TOUTES DIMENSIONS ET TOUS PRIX.

QUATRIÈME PARTIE.

PLASTIQUES D'ART, IMITATION D'IVOIRE.

Statuettes et groupes.

N°		Hauteur en centim.	Prix de détail.
100.	**IL A CHOISI LES ÉPINES.** — Enfant Jésus assis contemplant une couronne d'épines.	0,18 —	3 60
	Le même.	0,13 —	2 40
101.	**VENEZ A MOI.** — Enfant Jésus sur la paille.	0,13 1/2 —	3 60
102.	**SAINT LOUIS DE GONZAGUE.**	0,17 —	3 60
103.	**SAINT VINCENT DE PAUL** portant un petit enfant dans ses bras.	0,17 —	3 60
104.	**SACRÉ-CŒUR DE JÉSUS.**	0,18 —	3 60
105.	**TRÈS-SAINT CŒUR DE MARIE.**	0,18 —	3 60
200.	**PIERRE, M'AIMEZ-VOUS ?**	0,17 —	4 80
201.	**HEUREUSE MÈRE.** La très-sainte Vierge assise, tenant dans ses bras l'Enfant Jésus qui la caresse.	0,18 —	4 80
	— *Le même*, réduit.	0,13 —	3 60
202.	**SAINT JOSEPH**, protecteur de la jeunesse (pendant du n° 201).	0,19 —	4 80
	— *Le même* réduit.	0,13 —	3 60

	Hauteur en centim.	Prix de détail.
203. **CHARMANT ENFANT QUI ME RESSEMBLES!** — Un ange penché sur un enfant endormi dans un berceau.	0,15 —	4 80
— *Le même* réduit.	0,10 —	3 60
204. **L'HOMME DE DOULEURS.**— Un jeune homme baise pieusement les mains du Christ couronné d'épines.	0,16 —	4 80
205. **SAINT JOSEPH**, père nourricier du Sauveur.	0,20 —	4 80
— *Le même* réduit.	0,15 —	3 60
206. **L'ENFANT PRODIGUE.**	0,17 —	4 80
207. **LE BON PASTEUR** retire sa brebis du milieu des épines.	0,13 1/2 —	4 80
— *Le même* réduit.	0,10 —	3 60
208. **SOURCE DE BÉNÉDICTION.** — L'Enfant Jésus dans les bras de sa mère, bénit le monde.	0,19 —	4 80
209. **SAINT JOSEPH, SERVITEUR FIDÈLE DE JÉSUS.** — Il tient dans ses bras l'Enfant Jésus endormi.	0,19 —	4 80
— *Le même* réduit.	0,15 —	3 60
210. **N.-D. DES VICTOIRES.**	0,21 —	4 80
— *Le même* réduit.	0,15 —	3 60
211. **SAINT PAUL APOTRE.**	0,21 —	4 80
212. **SAINT PIERRE.**	0,21 —	4 80
213. **SAINT NICOLAS.**	0,21 —	4 80
— *Le même* réduit.	0,15 —	3 60

	Hauteur en centimètres.	Prix de détail.
214. **SAINT LOUIS,** roi de France.	0,21 —	4 80
— *Le même* réduit.	0,15 —	3 60
216. **ECCE HOMO.**	0,21 —	4 80
— *Le même* réduit.	0,15 —	3 60
215. **MATER DOLOROSA.**	0,21 —	4 80
217. **SAINT LOUIS DE GONZAGUE.**	0,21 —	4 80
218. **BON PASTEUR.**	0,21 —	4 80
219. **SAINT FRANÇOIS XAVIER.**	0,31 —	9 60
220. **SAINTE THÉRÈSE.**	0,21 —	4 80
221. **SAINT AUGUSTIN.**	0,21 —	4 80
222. **SAINT VINCENT DE PAUL.**	0,21 —	4 80
223. **SAINTE GENEVIÈVE.**	0,21 —	4 80
224. **SAINT STANISLAS KOTSKA.**	0,21 —	4 80

Pour paraître prochainement.

225. SAINT FRANÇOIS DE SALES.	0,21 —	4 80
226. SAINT IGNACE.	0,21 —	4 80
227. SAINT GRÉGOIRE.	0,21 —	4 80
228. SAINTE CLOTILDE.	0,21 —	4 80
229. SAINTE PHILOMÈNE.	0,21 —	4 80

---

300. **NAZARETH.** — Saint Joseph lit, la sainte Vierge coud, l'Enfant Jésus à leurs pieds joue avec un agneau.	0,15 —	6 »
301. **NOEL.** — Saint Joseph et la sainte Vierge contemplent l'Enfant Jésus couché dans une crèche.	0,15 —	6 »
— *Le même* réduit.	» —	3 60

	Hauteur en centim.	Prix de détail.
302. **JÉSUS AU MILIEU DES DOCTEURS.**	0,17	— 6 »
304. **OFFRANDE A JÉSUS.**— Jésus caressant une colombe que lui offre un enfant.	0,16	— 6 «

---

500. **L'ANGE PROTECTEUR.** — Un ange debout, couvrant de ses ailes deux enfants qui se pressent contre lui.	0,34	— 18 »
501. **COURONNE DES VIERGES.** — La sainte Vierge debout détache d'une couronne une fleur qu'elle offre à une jeune fille agenouillée. Largeur du socle 17 c.	0,23	— 18 »
502. **LA SAINTE COMMUNION.** — N. S. se donnant lui-même dans le très-saint Sacrement de l'autel. Largeur du socle 17 c.	0,23	— 18 »
503. **JÉSUS, MARTHE ET MARIE.** Largeur du socle 17 c.	0,21	— 15 »
505. **LE CHRIST MORT** étendu sur un lit antique. — *Longueur* 30		18 »
506. **DEUX ANGES DEBOUT DANS L'ATTITUDE DE LA DOULEUR** (*pendant*), portant l'un une couronne d'épines, l'autre une inscription de la croix. — *Hauteur* 33. — Chaque		10 »

Ces trois derniers sujets (505 et 506), montés sur un socle ébène, forment une garniture de cheminée riche et sévère.

Bénitiers.

400. **LA CROIX.** — (Deux anges debout au pied d'une croix, sur des nuages.) Sujet plastique avec coquille naturelle sur écusson velours, avec clous dorés. — *Dimensions de l'écusson : hauteur* 62 *c., largeur* 41 *c.* 36 »

401. **LA RÉDEMPTION.** — (Deux anges portant les instruments de la passion.) Coquille naturelle, écusson velours, clous dorés. — *Dimensions de l'écusson : haut.* 44 *c., larg.* 35 *c.* 30 »

402. **LES CÉLESTES PROTECTEURS.** — (Deux anges au pied d'une croix ornée, protégent de leurs mains et de leur épée un jeune enfant.) — Coquille naturelle, écusson velours, clous dorés. — *Dimension de l'écusson : hauteur* 38 *c., largeur* 26 *c.* 15

403. **L'ANGE DE LA PRIÈRE.** — Sur des nuages, un petit ange, les ailes étendues, soutient une coquille naturelle; le tout surmonté d'une croix rayonnante, écusson velours, clous dorés. — *Dimension de l'écusson : haut.* 32 *c., larg.* 22 *c.* 12 »

405. **L'ANGE CONSOLATEUR.** — Un ange tenant d'une main une croix et de l'autre une palme et des couronnes d'immortelles. — *Dimensions de l'écusson : haut.* 50 *c., larg.* 30 *c.* 18 »

Médaillons, Bas-Reliefs.

Avec cadres façon ébène.

Prix de détail.

1. **MARIE NOTRE MODÈLE.** — Education de la sainte Vierge par sainte Anne. Ovale, y compris le cadre, haut. 39 c., larg. 31 c. 18 »

2. **LA SAINTE FAMILLE.** — La sainte Vierge, l'Enfant Jésus, saint Jean. Ovale, haut. 39 c., larg. 31. 18 »

3. **SAINT VINCENT**, un enfant dans les bras, un autre à la main. — *Paysage couvert de neige.* — *Ovale* 39, *larg.* 31. 18 »

4. **IL LEUR ÉTAIT SOUMIS.** — Jésus marchant entre la sainte Vierge et saint Joseph; au-dessus d'eux le Saint-Esprit. *Ovale* 39—31. 18 »

Ces quatre médaillons avec cadre imitant le vieux chêne, verres bombés et coquilles naturelles pour bénitiers. — Chaque. 21 »

5. **N.-S. JÉSUS-CHRIST DESCENDU DE LA CROIX.**— Ovale 39 — 31. 18 »

6. **LA SAINTE VIERGE ET L'ENFANT JÉSUS, SAINTE ÉLIZABETH, SAINT JEAN**, d'après Murillo. 39 — 31 18 »

7. **APPARITION DE LA SALETTE.** 40 — 32. 18 »

8. **JÉSUS AU MILIEU DES DOCTEURS.** — Avec cadre double, 36 — 47. 30 »

9. **SAINT VINCENT DE PAUL**, un enfant dans

Prix de détail

les bras. — Niche monumentale, avec cadre, 35 — 43. 18 »

10. **L'ENFANT PRODIGUE.** — Avec cadre double, 33 — 42. 24 »

11. **MARIE IMMACULÉE** — (Vierge aux anges). Avec cadre, 32 — 40. 18 »

12. **N.-S. JÉSUS-CHRIST MOURANT SUR LA CROIX.** — Avec cadre, 35 — 43. 18 »

13. **LA CRÈCHE.** — Sans cadre, 27 — 20; avec cadre, 47 — 35. 18 »

---

700. **MÈRE DU SAUVEUR DU MONDE.** La sainte Vierge, tenant l'Enfant Jésus dans ses bras, et placée sur la boule du monde, écrase la tête du serpent. Ovale avec le cadre, 25—21. 7 20

701. **MARIE NOTRE MODÈLE.** — Réduction du n° 1, *mêmes dimensions que ci-dessus.* 7 20

702. **LA SAINTE FAMILLE.** — Réduction du n° 2, *mêmes dimensions que ci-dessus.* 7 20

703. **SAINT VINCENT.** — Réduction du n° 3, *mêmes dimensions que ci-dessus.* 7 20

704. **IL LEUR ÉTAIT SOUMIS.** — Réduction du n° 4, *mêmes dimensions que ci-dessus.* 7 20

707. **APPARITION DE N.-D. DE LA SALETTE.** —*Mêmes dimensions que ci-dessus.* 7 20

Ces six médaillons avec cadres, façon vieux chêne, coquille pour bénitiers. — Chaque 10 80

Prix de détail.

801. **MARIE NOTRE MODÈLE.** — Réduction du n° 1, cercle cuivre doré et anneau, 10 — 7 1/2. 2 40

802. **SAINTE FAMILLE.** — Réduction du n° 2, cercle cuivre doré et anneau, 10 — 7 1/2. 2 40

803. **SAINT VINCENT.** — Réduction du n° 3, 10 — 7 1/2. 2 40

804. **IL LEUR ÉTAIT SOUMIS.** — Réduction du n° 4, 10 — 7 1/2. 2 40

Ces quatre médaillons avec cadres imitant le vieux chêne, verres bombés et coquilles naturelles pour bénitiers. — Chaque 2 70

---

608. **JÉSUS RENCONTRANT LES FILLES DE JÉRUSALEM.** — Ovale, — avec le cadre, *largeur* 0,47, *hauteur* 0,59. 54 »

612. **LE CALVAIRE.** — Ovale. — avec le cadre, *larg.* 47, *haut.* 59. 54 »

613. **JÉSUS DESCENDU DE LA CROIX.** — Ovale, dimensions avec le cadre, *larg.* 47, *haut.* 59. 54 »

614. **JÉSUS MIS AU TOMBEAU.** — *Larg.* 47, *haut.* 57. 54 »

632. **LE CALVAIRE.** — Ovale en travers, dimensions, avec le cadre, *larg.* 61, *haut.* 47. 54 »

635. **LA CÈNE.** — Ovale en travers, avec le cadre, *larg.* 50, *haut.* 38. 33 60

636. **LA COMMUNION.** — Ovale, *haut.* 46. 28 »

Prix de détail.

900 et suite. Collection de 20 médaillons, avec le cadre, *larg.* 20, *haut.* 17. — Chaque. 5 40

1000. **MARIE VIERGE DES VIERGES.** — *Buste* avec le cadre, façon ébène, 19 — 16.

1001. **ECCE HOMO.** — *Buste* avec le cadre, façon ébène, 19 — 16.

1002. **LA TRÈS-SAINTE VIERGE.** — *Buste* avec le cadre, façon ébène, 19 — 16.

1100. **SOUVENIR DE PREMIÈRE COMMUNION.** — Beau médaillon plastique (nouv. système, brev. s. g. d. g.), *haut. totale* 29 c. sur 19 8 40

1101. **SOUVENIR DE CONFIRMATION.** — Beau médaillon plastique (nouveau système, breveté s. g. d. g.), *haut. totale* 29 c. sur 19. 8 40

Statues en plastique.

550. **N.-D. DES VICTOIRES**, couronnée. 0,60 — 20

551. **N.-D. DES VICTOIRES**, sans couronne. 0,55 — 15

552. **N.-D. DES VICTOIRES**, sans couronne. 0,41 — 10

553. **SAINT JOSEPH** 0,59

554. **SAINT JOSEPH ET L'ENFANT JÉSUS** endormi dans ses bras 0,62

555. **IMMACULÉE ROMAINE**, les mains jointes 0,62

Enfants Jésus en cire.

Quatre modèles différents.

N° 1. —	Longueur	14 cent	......	6 »
N° 2. —	d°	17 —	......	8 »
N° 3. —	d°	22 —	......	10 »
N° 4. —	d°	27 —	......	15 »
N° 5. —	d°	33 —	......	25 »
N° 6. —	d°	43 —	......	35 »
N° 7. —	d°	40 —	......	35 »
N° 8. —	d°	48 —	......	40 »
N° 9. —	d°	60 —	......	60 »

ÉTABLE DE BETHLÉEM depuis 100 fr. jusqu'à 800 fr.

Les robes des Enfants Jésus ne sont pas comprises dans ces prix; elles varient suivant la dimension, l'étoffe et la richesse des ornements.

Les personnes qui désireraient l'Enfant-Jésus, soit couché sur un lit de fleurs ou de paille, avec socle et cylindre, soit dans une crèche avec la sainte Vierge et saint Joseph, pourront nous adresser leurs demandes, et nous nous empresserons de leur donner les prix, qui sont trop multipliés pour que nous ayons pu les indiquer ici.

CINQUIÈME PARTIE.

STATUES.

Carton-Pierre, bois, terre cuite.

IMMACULÉE CONCEPTION, depuis 0 m. 30 cent. jusqu'à 1 m. 60 c.

VIERGE MÈRE, mêmes dimensions.

ANGES CONDUCTEURS, *Id.*

SAINT JOSEPH, *Id.*

SAINTS ET SAINTES, *Id.*

ANGES ADORATEURS, de 0,10 jusqu'à 0,70.

LE SAINT ENFANT JÉSUS debout les bras étendus.

Belle statue destinée à être portée dans les processions de l'Œuvre de la Sainte-Enfance, depuis 0,53 cent. de haut jusqu'à 1,05 (1).

STATUETTES en biscuit porcelaine depuis 0,75 la douzaine.

(1) Nota Nous croyons utile de rappeler ici que c'est désormais notre maison qui est seule chargée du *matériel* et des *commissions* de l'**Œuvre de la Sainte-Enfance** (*Voir à la seconde page de la couverture*) : c'est pourquoi nous nous sommes mis en mesure de fournir promptement tous les objets supplémentaires qui peuvent être nécessaires à nos correspondants, comme les **Bannières** de la Sainte-Enfance, les **Enfants Jésus** et les **Crèches**.

SIXIÈME PARTIE.

OBJETS DE RELIGION.

Les Personnes qui désirent offrir des lots aux **Loteries de Bienfaisance,** trouveront, dans nos magasins, une variété d'objets remarquables par le bon goût et la perfection du travail.

BÉNITIERS.

BÉNITIERS en chêne sculpté avec fond de velours, croix d'ivoire, sujets plastiques, argentés, médaillons peints sur porcelaine, nacre ou ivoire, dans tous les styles et de toutes dimensions.

BÉNITIERS albâtre avec peintures sur porcelaine. *Modèles très-variés.*

BÉNITIERS albâtre avec peintures sur verre. *Prix très-modiques.*

Nombreuse collection de bénitiers dans tous les genres et de tous les prix, sujets plastiques avec cadres imitant le vieux chêne, coquille porcelaine ou coquille naturelle à 10 fr. la douzaine et au-dessus.

BÉNITIERS avec sujets cuivre estampé, coquille porcelaine. *Prix très-modiques.*

Nota. — Il nous est impossible de donner ici le détail complet de tous les bénitiers qui se trouvent dans nos magasins ; nous rappellerons seulement que presque tous les Christs, les sujets plastiques, les médaillons et les cadres peuvent être montés en bénitiers.

Voir, *page* 201, les BÉNITIERS plastiques.

CHAPELLES, NICHES, CADRES, *en chêne sculpté, ivoire guilloché, bois découpé*, avec statuettes et groupes en plastique, bronze ou ivoire.

PETITS CADRES ALBATRE avec peintures sur verre.

PETITS CADRES BOIS vernis imitant l'ébène, avec images coloriées pour récompenses dans les écoles.

Les mêmes, avec sujets plastiques, modèles variés. *Prix très-modiques.*

PETITS CADRES PLASTIQUES, imitant le palissandre avec passe-partout et images coloriées.

PASSE-PARTOUT avec images coloriées.

PETITS CADRES ESTAMPÉS imitant l'ébène, avec sujets bronzés.

PETITS MÉDAILLONS ovales, cerclés de cuivre, anneaux et verres, avec images coloriées.

MÉDAILLONS OVALES cerclés de cuivre, avec verres bombés et anneaux, sujets plastiques, *petites dimensions, prix modiques.*

PRESSE-PAPIERS en verre, sujets religieux.

PRESSE-PAPIERS en albâtre, avec peintures sur verre.

EX-VOTO.

CŒURS OUVRANTS en argent.

CŒURS en cuivre doré.

CŒURS riches avec pierreries.

CHAINES cuivre doré, cuivre argenté, argent, argent doré, pour suspendre les médailles et les *Ex-voto*.

COLLIERS en cuivre doré, enrichis de pierreries pour suspendre les *Ex-voto*.

CHIFFRES DE MARIE, LIS, BOULES DU MONDE, SCEPTRES en cuivre doré avec pierres dans tous les prix, suivant la richesse des chapelles et des églises.

RELIQUAIRES.

RELIQUAIRES en argent, de toutes formes et de toutes dimensions, depuis 5 fr. la douzaine.

RELIQUAIRES riches en cuivre doré, ornés de pierreries, depuis 20 fr. la douzaine.

RELIQUAIRES à pied, cuivre doré, ornés de pierreries, depuis 15 fr. la pièce. Ces reliquaires peuvent être retirés de leur pied pour être employés comme Baiser-de-paix dans les cérémonies de l'Église.

COURONNES.

COURONNES en cuivre doré avec pierreries et gerbes

pour **VIERGES, ENFANTS JÉSUS** et **OSTENSOIRS**, depuis 12 fr. la douzaine.

COURONNES en argent et argent doré avec pierreries.

COURONNES d'épines pour *Ecce Homo*.

CHRISTS.

Belle et riche collection de **CHRISTS D'IVOIRE** de 10, 15, 20, 25, 30, 36 centimètres de hauteur, depuis 8 fr. jusqu'à 800 fr. la pièce.

Nous avons établi de belles croix en chêne sculptées avec soin, qui accompagnent dignement les plus beaux Christs. Nous les montons aussi dans cadres riches avec fonds de velours ou sur bénitiers.

CHRISTS EN ARGENT ciselés, depuis 20 fr. jusqu'à 300 fr. pièce.

CHRISTS EN BRONZE, depuis 36 fr. la douzaine jusqu'à 70 fr. pièce.

CHRISTS FONDUS sur croix d'ébène et de chêne garnis de cuivre, *pour religieuses*, depuis 1 fr. 75 c. la douzaine.

Les mêmes avec croix ouvrantes, pour contenir des reliques.

CHRISTS EN CUIVRE estampés sur croix noires, à pied, depuis 1 fr. 35 la douzaine.

CHRISTS PLASTIQUES pour parloirs et salles d'études depuis 12 fr. la douzaine.

CHRISTS PLASTIQUES, cadres façon ébène, depuis 48 fr. la douzaine.

CHRISTS EN GUTTA et composition, montés sur croix, gutta et composition, ou sur croix de bois, depuis 6 fr. la douzaine.

CROIX DE BOIS sculptées, avec ou sans pied, depuis 48 fr. la douzaine jusqu'à 60 fr. la pièce.

CHAPELETS.

CHAPELETS *sur fil,* bois imitation de coco, coco taillé, coco rond, coco mi-rond, corozo et os dans tous les numéros, la douzaine depuis 0,35 c.

Les mêmes, montés sur chaîne fer, cuivre, cuivre blanchi, trait argenté, la douzaine depuis 0,45 c.

PERLES EN VERROTERIE, *dites rocaille*, *agate*, *cristal* de toutes couleurs, de toutes dimensions et de tous prix.

Les mêmes montées en **CHAPELETS**, sur cuivre, cuivre blanchi et trait argenté de toutes grosseurs, pour écoles et missions.

CHAPELETS *montés sur caoutchouc*, pouvant servir de bracelets, grains guillochés de toute nature, de toutes formes, de toutes couleurs et de tous prix.

CHAPELETS POUR RELIGIEUSES, montés et non montés, bois, coco et fruits d'Amérique; disposés suivant les usages des diverses congrégations.

CHAPELETS RICHES, coco, corozo, os, bois de palmier, ivoire, nacre, ambre, jais, cornaline et imitation, corail et pierres fines, montés sur chaîne d'argent, d'aluminium, de vermeil et d'or, depuis 12 fr. la douzaine jusqu'à 500 fr. la pièce.

La richesse et la disposition des Chapelets pouvant varier à l'infini, il est impossible d'en donner une description complète.

ROSAIRES, *Chapelets des* **SEPT-DOULEURS,** des Cinq-Plaies, du Sacré-Cœur, etc.

CHAPELETS *de l'Immaculée Conception,* **DIZAINES** *pour bracelets*, etc., montés suivant le goût et la dévotion de chaque personne.

Croix, Chapelets et Médaillons *venant de Jérusalem.*

BOITES ET ÉTUIS *pour Chapelets,* de toutes formes, de toutes dimensions et de tous prix, en étoffe, bois, buis, coco, corozo, os et ivoire.

Les mêmes **GUILLOCHÉES.**

BOITES à charnières en nacre, montées richement.

MÉDAILLES.

Parmi nos nombreux modèles de Médailles, nous citerons notamment celle de l'Immaculée Conception dite *Médaille miraculeuse,* celle de Notre-Dame des Victoires (*archiconfrérie*), celle du Sacré-Cœur (*archiconfrérie*) dont la gravure a été faite avec le plus grand soin, celles des saints Anges, de saint Joseph et des autres Saints et Saintes dont le culte est le plus répandu.

Les Médailles de la sainte Vierge, du Sacré-Cœur et de saint Joseph existent dans toutes les dimensions : celles des Saints ne sont frappées que dans les numéros de moindres dimensions.

MÉDAILLES cuivre depuis 0,50 c. la grosse.

MÉDAILLES *cuivre doré* **SOUS GLACES** entourées de pierreries.

MÉDAILLES bronzées depuis 21 fr. la grosse.

MÉDAILLES argent avec *anneaux soudés*, depuis 0,85 c. la douzaine.

MÉDAILLES argent et vermeil **SOUS GLACES** entourées de cercles d'or, d'argent ou de vermeil variés de dessin et de forme, depuis 10 fr. la douzaine.

MÉDAILLES argent et vermeil *sous glace* **CERCLÉES DE NACRE.**

MÉDAILLES émaillées *cerclées de nacre.*

MÉDAILLES or depuis 20 fr. la douzaine.

BIJOUTERIE.

Nous nous sommes efforcés de réunir dans cette collection tous les menus objets de piété qu'on est dans l'usage de distribuer aux enfants et aux malades; et nous sommes parvenus à en réduire les prix à une modicité qui permet d'en faire les distributions bien plus abondantes.

PETITES CROIX en cuivre pour les chapelets; croix plates estampées; croix avec Christs très-variées de grandeur et de modèles pour les missions, *aux prix les plus modiques.*

CŒURS en cuivre estampés pour chapelets.

MÉDAILLES de cuivre, pour chapelets des Sept-Douleurs.

CROIX cuivre doré, *ornées de pierreries* (article brillant et peu coûteux).

PETITES STATUETTES, estampées, cuivre doré et argenté, *avec anneaux,* ou *avec pieds.* — La sainte Vierge Immaculée. — La sainte Vierge et l'enfant Jésus. — Saint Joseph.

Les mêmes, en argent avec anneaux ou socles riches.

Ces petits objets sont fort recherchés pour les écoles.

PETITS BÉNITIERS cuivre estampé, argenté et doré, représentant Notre-Seigneur en croix, la sainte Vierge, etc. (coquille nacre).

PETITES CROIX D'ARGENT, très-nombreuse collection des modèles les plus variés; croix simples, ornées de fleurons, avec ou sans Christs, de toutes dimensions et de tous prix, depuis 1 fr. 20 la douzaine.

CROIX OUVRANTES, avec et sans Christs, en argent, vermeil et or, depuis 6 fr. 50 la douzaine.

MÉDAILLONS OUVRANTS, très-variés.

CASSOLETTES, argent et vermeil.

PETITS CŒURS ouvrants, argent et or, avec ornements variés.

FOI, ESPÉRANCE, CHARITÉ, groupes formés d'une **CROIX**, un **CŒUR** et une **ANCRE**, en argent, vermeil et or, variés de dessins et de prix.

CROIX argent doré, *ornées de pierreries*, très-élégantes.

CROIX de coco, ébène, ivoire ou nacre, avec **CHRISTS D'ARGENT**, depuis 10 fr. la douzaine.

Les mêmes, avec garniture simple ou fleuronnée, et doublure en argent.

Ces croix, très-variées de modèles et de grandeur, et d'une élégante simplicité, ont été adoptées par plusieurs communautés religieuses.

CROIX ET ANNEAUX d'Evêque, avec ou sans reliquaire.

CROIX et *médaille de l'Archiconfrérie réparatrice* du blasphème et de la violation du dimanche (3 *grandeurs*).

BAGUES-CHAPELETS, en argent et vermeil. — *Prix très-modiques*.

BAGUES EN OR, avec attributs religieux. — Très-beau choix de toutes grandeurs.

SIGNETS DE SOIE, de toutes dimensions, pour missels et paroissiens, avec rouleaux, croix ou médailles en cuivre doré ou argenté, argent ou or.

Nous avons l'honneur de rappeler à MM. nos correspondants que, par suite des derniers tarifs publiés par la poste, les envois d'images (surtout de celles dites dentelles), sont devenus très-faciles. Ainsi 35 douzaines d'images dentelées de moyen format, bien enveloppées dans un petit carton, peuvent être affranchies de Paris à toutes les communes de France, de Corse, et de l'Algérie, pour la faible somme de cinquante centimes. — Toute commande qui n'excède pas dix fr. peut nous être soldée en timbres-poste.

VERSAILLES. — IMP. BEAU Jne
Rue de l'Orangerie, 36.

www.ingramcontent.com/pod-product-compliance
Ingram Content Group UK Ltd.
Pitfield, Milton Keynes, MK11 3LW, UK
UKHW020322230726
13925UKWH00002B/559